Katya Balen
Wünsche an die Wellen

Katya Balen

WÜNSCHE AN DIE WELLEN

Aus dem Englischen
von Birgitt Kollmann

Hanser

Die Originalausgabe erschien 2022 unter dem Titel
The Light in Everything bei Bloomsbury Publishing Plc.

Von Katya Balen bereits bei Hanser erschienen:
October, October – Die weite, wilde Welt wartet auf mich (2023)

Erscheint als Hörbuch bei DerDiwan,
gelesen von Lena Conrad und Lennart Hillmann.

 HANSER hey! Schau vorbei und
teile dein Leseglück auf Instagram

1. Auflage 2024

ISBN 978-3-446-28072-4
Text © Katya Balen, 2022
Alle Rechte der deutschen Ausgabe:
© 2024 Carl Hanser Verlag GmbH & Co. KG, München
Wir behalten uns auch eine Nutzung des Werks für Zwecke
des Text und Data Mining nach § 44b UrhG ausdrücklich vor.
Umschlag: formlabor, Hamburg
Umschlagmotiv: Sydney Smith
Satz: Satz für Satz, Wangen im Allgäu
Druck und Bindung: GGP Media GmbH, Pößneck
Printed in Germany

Für Lucy Mackay-Sim,
die stets recht hat

ZOFIA

Ich bin mitten in einem Unwetter zur Welt gekommen. Grelle Blitze rissen den Himmel auf, und unter dem Donner erbebte das Meer. Regen peitschte an die Klippen, es war, als stünde die ganze Welt Kopf und das Meer fiele aus dem Himmel. Das Wetter wütete, und ich auch. Ein so zorniges Baby habe sie noch nie gesehen, sagte die Hebamme, und auf allen Fotos aus jener Zeit bin ich eine puterrote Wutkugel mit geballten Fäusten und einem weit aufgerissenen, brüllenden Mund. Manchmal fühlt es sich so an, als wäre damals der Sturm in mich hineingefahren. Dad sagt das auch, an Tagen, an denen ich herumbrülle, durchs Haus poltere, einfach zu laut bin, außer Rand und Band. Was offenbar ziemlich oft vorkommt. Dann spüre ich etwas grollen in mir, einen Funken, der sich entzündet, es ist, als wäre der Sturm in mir aufgewacht, würde sich recken und strecken. Manchmal dreht er sich dann wieder um und schläft weiter, aber an anderen Tagen ist nicht daran zu denken. *Da braut sich was zusammen* sagt Dad in solchen Momenten gerne.

Dad und ich sind ein Team. Zwei Hälften eines Ganzen. Wir gehören zusammen wie Nadel und Faden, wie Haken und Öse. Man könnte auch sagen, wir sind wie zwei Meerschweinchen in einem Gehege. Irgendwo habe ich mal gelesen, dass man Meerschweinchen nie einzeln halten darf, sie würden sonst vor Einsamkeit eingehen. In der Schweiz soll es sogar gesetzlich verboten sein. Ich kann mir zwar nicht vorstellen, dass

Menschen allen Ernstes ins Gefängnis kommen und tagein, tagaus hinter Gittern sitzen, nur weil ihr Meerschweinchen allein im Käfig hockt, aber anscheinend ist das so. Außerdem – kann ja sein, dass Meerschweinchen an Einsamkeit sterben, andererseits sollte man auch nicht einfach ein zweites Meerschwein zum ersten in den Käfig stecken, denn dann geht das erste auf das zweite los und beißt ihm vermutlich den Kopf oder sonst was ab. Ich habe einen Hund und eine Katze, und damit bin ich ganz zufrieden.

In den meisten Dingen haben Dad und ich denselben Geschmack. Na gut, er steht nicht auf richtig laute Musik, mag keine goldenen Docs, und zwanzig Oreos hintereinanderweg zu futtern ist auch nicht sein Ding, aber genau wie ich liebt er das Meer und gute Witze und hat eine Schwäche für so richtig, richtig trashiges Fernsehen, stark gewürztes Essen und Graphic Novels. Und Oreos würde er vermutlich auch mögen, wenn er nur schnell genug wäre, um das herauszufinden.

Dad und ich leben in einem Cottage; einem kleinen Haus mit schiefen Steinmauern, einer leuchtend gelben Haustür und einem Vorgarten, in dem jede Wildblume wächst, die es je gegeben hat. Wenn man zum Fenster hinausschaut oder im Garten steht, dann sieht man das Meer nicht nur, man kann es auch hören und riechen und manchmal sogar schmecken.

Unser Haus ist ein richtiges Bilderbuchhaus. Ein gewundener Pfad führt zu der gelben, von Rosen umrankten Tür. Aus den Blüten habe ich früher, zusammen mit meiner besten Freundin Dommo, Zaubertränke gemacht. In Büchern gibt es in solchen Häusern immer eine Mutter und einen Vater und ein kleines Mädchen und vielleicht noch einen Hund, der allen die Hausschuhe bringt. Ein perfektes kleines Leben. So wie unseres. Einen Hund haben wir zwar, nur würde der unsere Hausschuhe eher annagen als apportieren, und Mum ist gestorben, als ich noch ein Baby war, aber sonst ist alles ganz genauso.

So wie unser Leben im Moment ist, kann es bleiben, ich würde nichts daran ändern wollen.

TOM

Die Dunkelheit um mich herum ist voller Licht. Das rede ich mir jedenfalls ein. Da ist das grelle Orange einer Straßenlaterne gleich hinter den Vorhängen. Da ist der warme gelbe Schein, der sich unter meiner Zimmertür durchschiebt und mit dem Teppich verschmilzt. Und da ist das langsame rote Blinken eines Ladegeräts an der Wand gegenüber.

Doch der Raum um mich herum ist finster, voll von Ruß und Tinte und Schatten. Die wehen umher, neigen und strecken sich, greifen zu, schlittern, schlüpfen in neue Gestalten, lösen sich von den Rändern her auf und dehnen sich. Meine Finger zucken. Mit jedem Atemzug ist meine Lunge prallvoll von der dunklen, schmutzigen Luft. Ich versuche, langsamer zu atmen, das Schwarze wegzustoßen. Mir mein eigenes Licht zu sein. Mein Herz krümmt sich in meiner Brust. Ich zähle, wie viele Formen ich erkennen kann.

Eins. Zwei. Drei.

Die Schatten, die an den Wänden entlangschleichen und sich hin und her drehen, das sind nur Formen, nichts weiter als eine Ansammlung von Linien und Winkeln, die durch schwarze Farbe zusammengehalten werden. Formen können dir nichts tun. Sie sind nichts. Die Dunkelheit kann dir nichts tun.

Vier. Fünf.

Doch was sich darin versteckt, das ja.

Sechs.

Mein Herz steht in Flammen.

Ich strecke eine Hand aus, mitten hinein in das schwarze Nichts, das um mein Gesicht herumflattert wie die Flügel einer Fledermaus, und tippe auf den Notschalter neben mir.

Licht.

Licht strömt herab, flutet den Raum, ergießt sich über alles. Licht schluckt die Dunkelheit komplett, lässt sie zusammenschnurren zu kleinen Schnipseln in den Zimmerecken, die nur noch gelegentlich aufflackern. Licht bricht sich in den gläsernen Prismen auf meinem Schreibtisch, und die Wände sind ein einziger tanzender Regenbogen. Ich höre auf, Sekunden zu zählen, und zähle stattdessen Farben. Ich gehe sie nacheinander durch wie Namen von Freunden, ich rase durch die Silben.

Rotgelbgrünblauindigoviolett.

Rotundgelbundgrünundblauundindigoundviolett.

Rot und gelb und grün und blau und indigo und violett.

Mein Herzschlag hat sich ein wenig beruhigt, kein Vergleich mehr zu dem, was eben noch so dumpf dröhnte, dicht hinter meinen Rippen.

Ich tippe auf den Wecker auf meinem Nachttisch, und sofort wird das Display heller. Gleichzeitig leuchtet auch das flüssige Licht in meiner Lavalampe auf. Ich habe sechs verschiedene Arten Licht in meinem Zimmer.

Eine Minute und dreizehn Sekunden, so lange habe ich heute ohne Licht durchgehalten.

Ich nehme mir ein Blatt quadratisches Papier und beginne zu falten. Ich folge den Linien, die meine Finger in- und auswendig kennen, ich muss nicht einmal mehr nachdenken, welche Figur ich gerade falte. Nach und nach gleicht sich mein Herzschlag an meine langsamen, behutsamen Bewegungen an, und noch bevor ich mit dem Papierstern fertig bin, hat alles wieder in seinen normalen Rhythmus zurückgefunden. Ich ziehe mir die Bettdecke hoch bis unters Kinn und drehe mein Gesicht in Richtung Lavalampe. Ich schließe die Augen, und diesmal wird es nicht dunkel; Licht malt sich in leuchtenden Farben auf meine Augenlider wie ein Feuerwerk.

Am Morgen, als ich zur Schule muss, steht die Sonne am Himmel, und die Dunkelheit lauert nur in irgendwelchen Ecken.

ZOFIA

Ich stehe genau da, wo die vordersten Wellen am Strand lecken. Ich bin barfuß und wackele mit den Zehen, um Abdrücke in den Sand zu machen, die das Meer sofort begierig wieder füllt. Nur Sekunden später kann es sein, als wäre ich nie hier gewesen.

Ich renne los und werfe mich in die Wellen, gleite unter ihnen hindurch wie ein Fisch. Das Wasser und das Licht färben mich silbern, das Meer brüllt mir in die Ohren, Wellen krachen auf den Sand und hinterlassen eine dünne Salzschicht auf meiner Haut. Ich stürze mich in die Tiefe, drehe und wende mich, wirbele herum unter diesem glatten Tuch, das eine komplett andere Welt zudeckt. Wölkchen aus winzigen silbernen Fischen schießen pfeilschnell zwischen meinen Zehen hindurch, und um meine Knöchel herum tanzt Seetang in langen Bändern. Als ich an die Oberfläche stoße und den Himmel wieder einatme, fühle ich mich wie eine ganz frische, neue Zofia. Alle Schmerzen, alle Sorgen, die gerade in mir lostrommeln wollten, werden vom Salz und der Gischt weggeschrubbt.

Meine *Babcia,* meine polnische Großmutter, wollte, dass ich getauft würde, aber solange ich ein Baby war, waren meine Eltern dagegen. Vielleicht würde es meiner Großmutter ja gefallen, mir beim Tauchen zuzusehen, auch wenn das Meer vielleicht nicht ganz dasselbe ist wie ein Taufbecken. Aber immer wenn ich das Gefühl habe, Ärger oder Wut oder sogar so ein albernes, klitzekleines Körnchen Einsamkeit könnten sich zu breit machen in mir, dann renne ich die paar Meter von unserem Haus zum Strand und lasse mir vom Salz alles wegwaschen. Früher habe ich immer gesagt, das Meer sei mein Freund; inzwischen bin ich alt genug, um zu wissen, dass das Meer niemals ein Freund sein kann. Trotzdem empfinde ich es irgendwie immer noch so.

Ich trete Wasser. In der Ferne, ganz verschwommen vor dem dunklen Himmel, sehe ich meinen größten Angstgegner. Dommo findet den Ausdruck blöd für ein paar hoch aus dem Meer aufragende Felsen, die nach den Wellen schnappen und schlagen. *Fidschi* nennt man sie hier, nach den wunderschönen Fidschi-Inseln, tropischen Inseln mitten in einem warmen blauen Meer. Anscheinend soll das witzig sein, aber ich bin mir nicht so sicher, ob ich den Witz kapiere. Aber hier heißen diese Felsen nun mal Fidschi, und dabei bleibt es. Für mich ist Fidschi mein Angstgegner. Dieses Jahr will ich es schaffen. Ich werde so weit rausschwimmen, dass ich oben auf den Felsen stehen und laut in den Himmel schreien kann. Jeden einzelnen Tag werde ich hier trainieren, und mit jedem Tag werde ich ein bisschen schneller und ein bisschen kräftiger werden und den Felsen ein bisschen näher kommen.

Als ich schlotternd aus dem Wasser komme, höre ich auf einmal Dommos Stimme. Sie lacht ihr typisches Dommo-Lachen, das sich so anhört, als hätte man eine Hyäne mit einem Albatros gekreuzt. Ich muss dann jedes Mal mitlachen. Im nächsten Moment höre ich Halimas Stimme. Ich zwinkere kräftig, um Sand und Wind aus den Augen zu bekommen.

Dommo hat irgendetwas Großes in der Hand. Ich kneife die Augen zusammen, und im selben Moment rollt Dommo das Ding auseinander und rennt los. Sofort greift der Wind danach und schleudert es hoch in die Luft. Ein Drachen in Form eines Vogels tanzt hoch am Himmel.

Dommo lässt einen Drachen steigen. Zusammen mit Halima. Der Wind dröhnt in meinen Ohren, und in mir braut sich ein Orkan zusammen.

Jetzt hat Dommo mich entdeckt und winkt mir zu. Sie ruft irgendetwas, aber der Wind peitscht ihre Worte weg. Sie stolpert auf mich zu, und der Drachen buckelt wie ein wütendes Pferd. Das möchte ich auch können, mich mit lautem Geheul in die Luft schleudern, mitten in die Wirbel und Strudel des Windes hinein. Die zwei haben mich ausgeschlossen, Dommo wollte mich nicht dabeihaben. Dabei machen Dommo und ich doch alles zusammen. Genau wie Dad und ich.

Schließlich hat sie es bis zu mir geschafft, sie grinst immer noch und sagt *Wir haben bei euch geklopft, aber du warst nicht da, logisch, du warst ja auch schwimmen. Magst du auch mal* und ich spüre eine Welle der Erleichterung, die mich höher trägt, als jeder Wind es je könnte.

TOM

Mum kann mich nicht immer von der Schule abholen. Sie ist Ärztin und arbeitet im Krankenhaus im Schichtdienst. Alle aus meiner Klasse gehen zu Fuß nach Hause. Es wäre viel einfacher, wenn ich das auch könnte, das weiß ich auch. Aber ich kann es nicht. Nach Hause zu laufen ist nicht ganz so schlimm, wie im Dunkeln zu sitzen, aber nach Hause zu kommen in eine leere Wohnung, gerade im Winter, wenn es immer früher dunkel wird, das dürfte sogar noch schlimmer sein. Also sitze ich im Hort, rede mit niemandem, und niemand redet mit mir.

Am schlimmsten sind die Nachtschichten. An solchen Tagen bleibt Mrs Adams aus der Wohnung unter uns bei mir. Sie ist lieb und nett, aber um Punkt acht knipst sie meine Lampen aus. Wenn ich sie wieder anmache, gefällt ihr das gar nicht. Ich bekäme zu wenig Schlaf, so würde ich nie groß und stark werden, sagt sie. Ich versuche ihr zu erklären, dass ich erst recht keinen Schlaf bekomme, wenn ich im stockdunklen Zimmer liege und die Schatten um mich herumschleichen und sich auf mich legen. Aber sie hört einfach nicht zu, jedes Mal schaltet sie das Licht wieder aus und wirft mich zurück. Zurück auf Anfang.

ZOFIA

Das Meer ist so kalt heute, da gehe ich nicht rein. Die Spitzen der Wellen sind wie gefroren, und der Himmel ist wütend und voller Regenwolken. Selbst im Neoprenanzug würde ich blau anlaufen. Ich brauche einen Plan, denn es wird eher nur noch kälter werden.

Ich lasse kaltes Wasser in die Badewanne ein, bis es an den Seiten überläuft und in den Ritzen zwischen den Bodendielen verschwindet. Mit einer Hand schlage ich aufs Wasser, sodass sich lauter Kreise bilden und das Wasser flüstert wie das Meer.

Ich ziehe meinen Neoprenanzug an, hole mir Dads alte Plastikstoppuhr und steige in die Wanne. Es ist so kalt, dass ich mit den Zähnen klappere und meine Beine zittern, obwohl sie überhaupt nichts tun müssen. Meine Haut brennt wie Feuer vom eiskalten Wasser. Ich atme mehrmals tief ein, um mein wildes Herz zu beruhigen, dann beiße ich die Zähne zusammen und tauche unter.

Eins. Zwei. Drei.

Ich habe die Augen offen. Durch das gekräuselte Wasser betrachtet, wirkt die Welt da oben direkt friedlich.

Vier. Fünf. Sechs.

Meine Lunge ist voll und ist leer, und meine Haut ist elektrisch geladen.

Sieben. Acht. Neun.

Die Kälte schießt Pfeile in mein Blut ab.

Zehn. Elf. Zwölf.

Ich brauche Luft ich brauche Luft ich brauche Luft. Dreizehn.

Ich breche an die Wasseroberfläche und schnappe nach Luft, so viel Luft, wie überhaupt in meinen Mund hineingeht, und ich spüre, wie sie durch mein Blut rast.

Dreizehn Sekunden, das ist lächerlich. Ich trockne mich ab und schreibe die Zahl in ein altes Schreibheft. Morgen läuft's besser.

TOM

Gestern Abend habe ich in meinem hell erleuchteten Zimmer dreizehn Papiereulen gefaltet, bevor ich endlich einschlafen konnte. Ich habe sie alle in den Karton gelegt, der schon randvoll ist mit gefalteten Figuren in leuchtenden Farben.

Damit meine Hände aufhören zu zittern, muss ich Papier falten und mich ganz darauf konzentrieren. Jede Nacht ist es dasselbe. Die Nächte sind am schlimmsten, weil die schleichende Dunkelheit mir solche Angst macht. Nachts sind sie auch am lautesten – die Gedanken, die mir sagen, dass ich nicht in Sicherheit bin. Die sich wie Rauch kräuseln und flüstern, dass wir jetzt vielleicht glücklich sind, aber dass es nicht so bleiben wird. Dass Glück nie hält. Dass er sich nicht auf Dauer von uns fernhalten wird.

Morgens, wenn es hell ist, kann ich solche Gedanken leichter wegatmen. Dann sage ich mir: Dad kann uns hier nicht wegholen. Dann sage ich mir: Es ist alles in Ordnung. Dann sage ich mir: So wie unser Leben im Moment ist, kann es bleiben, ich würde nichts daran ändern wollen.

ZOFIA

Tausendmal habe ich mich entschuldigt für die Überschwemmung im Bad, und mindestens eine Million Mal musste ich mir anhören, dass nasse Dielen faulen und durchbrechen und die Katze mit sich in die Tiefe reißen. Außerdem habe ich es auf sechzehn Sekunden in der seltsamen Badewannenunterwasserwelt gebracht. Ich notiere den neuen Rekord, dann gehe ich an den kalten Strand, damit die Holzdielen ein bisschen Zeit haben zu trocknen.

Der Strand ist wild. Der Wind zerrt am Wasser wie an Papier, weißes Konfetti liegt verstreut auf den Wellen. Auch das Meer ist wild, und es gehört mir. Ich kann spüren, wie das Salz in der Luft sich auf meine Haut legt und meine Haare zu Locken dreht. Ich schaue zum Fidschi hinüber, wo die zerfetzten Flaggen vom Wind gepeitscht werden. Selbst in diesem matten Licht leuchten bei einigen noch immer die Farben. Andere sind so verblasst, dass sie nur leicht aufblitzen, um dann wieder mit dem Himmel ringsum zu verschmelzen. Manche waren schon vor meiner Geburt hier. Andere sogar vor Dads Geburt und wieder andere, bevor meine *Babcia* zur Welt kam. Sogar bevor meine *Pra Babcia*, meine polnische Urgroßmutter, geboren wurde, gab es schon welche.

Die meisten der richtig alten Flaggen wurden von Stürmen weggerissen, haben sich in der salzigen Luft aufgelöst oder wurden von Vögeln für deren Nester gestohlen. Aber immer noch wehen Hunderte von Stofffetzen über dem Meer, wie Regenbogenwellen sieht es aus. Nicht eines von den vielen Fähnchen ist meins. Drei davon gehören Dad; das sei das Größte und Mutigste, was er je getan hat, hat er mir mal gesagt. Damals war er gerade erst von Polen nach England gezogen, alles war ihm noch fremd und neu, nur das Meer war dasselbe. So ging er jeden Tag schwimmen, und jeden Tag fühlte er sich in England ein bisschen mehr zu Hause. Sollte es ihm gelingen, bis zu diesem Felsen hinauszuschwimmen, dann wäre er wirklich ein Teil des Meeres und des Himmels und der Klippen, des Sandes und dieses neuen Landes. Das habe er damals gleich gewusst. Und als er dann wirklich dort oben stand, da fühlte sich das besser an als alles andere, mal abgesehen von meiner Geburt. So ein Gefühl möchte ich auch haben. Ich möchte, dass er mich vorn auf den Fidschi-Felsen stehen sieht, und ich möchte, dass er stolz auf mich ist.

Ich habe mir eine Frist gesetzt. Jedes Jahr vor dem Wechsel an die weiterführende Schule kommt die Abschlussklasse meiner kleinen Schule – in diesem Jahr also wir – an einem Wochenende hier an den Strand, wo wir Surfen und Segeln und Rettungsschwimmen lernen und wie man gegen die Flut anschwimmt. So etwas wie eine große Strandparty, bevor wir demnächst alle mit dem Bus in die Stadt fahren und lauter verschiedene Kurse belegen. Auch unsere Familien kommen aus dem Anlass an den Strand. Dann zeige ich Dad, wie weit ich schwimmen kann, dann hisse ich meine Flagge auf Fidschi.

TOM

Ich liebe unsere Wohnung. Sie ist winzig, aber ganz allein unsere und genau richtig für uns. Die Wände dürfen wir nicht farbig streichen, deswegen sind sie alle weiß, aber das ist schon in Ordnung. Vor zwei Jahren, als Dad endgültig weggegangen ist, sind wir hergezogen. Als er und Mum noch zusammen waren, lebten wir in einem Haus. Da gab es zwar viele Zimmer, aber wie ein großes Haus fühlte es sich trotzdem nicht an, weil Dad es irgendwie immer schaffte, jeden Zentimeter in Beschlag zu nehmen, während ich selbst immer mehr zusammenschrumpfte. Ich glaube, seitdem bin ich nie wieder zu meiner eigentlichen Größe zurückgekehrt. Dafür gab es zu viele behelfsmäßige Orte, kalte graue Räume, in die wir uns hineinquetschten, Mum und ich, wo man durch die dünnen Wände hindurch das Geschimpfe von Fremden hörte und wo sie nachts, wenn sie glaubte, ich sei eingeschlafen, geweint hat. Ich bin klein geblieben und immer stiller geworden, aber gefunden hat er uns trotzdem jedes Mal.

Bei uns in der Wohnung hängen überall bunte Bilder, und das Sofa ist rot und gemütlich. Im Badezimmer hängen gerahmte Zeichnungen an der Wand, die ich vor langer Zeit gemacht habe und die Mum irgendwie gerettet hat, als wir alles andere zurücklassen mussten. Ich glaube fast, sie hatte sie im Krankenhaus aufbewahrt.

Zu unserer Wohnung gehört eine Miniküche, aber ich habe orangerote

Töpfe und Pfannen für uns ausgesucht, der Kühlschrank ist immer voll mit allem, was ich am liebsten esse, und ich kann mir nehmen, was ich will und wann ich will. Ich habe ein ganz helles, kleines Zimmer voller Lampenkabel und Papier. Ich kann all meine Sachen genau dahin legen, wo ich sie haben möchte. Ich kann sie ordentlich auf meinen Schreibtisch legen, und ich weiß, wenn ich zurückkomme, sind sie immer noch da.

Einmal hat mein Vater alle meine Papiervögel zerrissen. Hunderte hatte ich gemacht, einen nach dem anderen sorgfältig gefaltet. Zahllose Stunden hatte ich dafür gebraucht und mir vorgestellt, ich könnte sie an der Decke befestigen und sie würden im Dunkeln leuchten. Schneeweiß waren sie und reichten in vollendeter Formation von meinem Schreibtisch bis zum Boden. Als wollten sie im nächsten Moment das Papier von ihren Flügeln abschütteln und davonfliegen, so sahen sie aus. Doch als mein Vater sie sah, brüllte er mich an. Für ihn waren sie nichts als Unordnung. Mädchenkram. Einfach lächerlich. *Ich* war lächerlich. Mittendurch hat er sie gerissen, einen nach dem anderen, bis der Teppich in meinem Zimmer aussah wie ein See voller weißer Papierfedern. Als hätte er die Vögel getötet, so fühlte es sich an. Ich habe die Reste mit dem Staubsauger weggesaugt. An dem Tag ging das los mit meinen Fingern, dieses Zittern, und die einzige Möglichkeit, das Zittern zu stoppen, war falten falten falten. Aber ich habe mich nicht getraut, und so zitterte ich weiter, und er brüllte weiter.

ZOFIA

Dad und ich gehen den gewundenen Pfad entlang, der vom Strand zu unserem Haus hinaufführt. Das Meer ist heute blauviolett. Wir bleiben stehen, und ich versuche, einen Stein übers Wasser hüpfen zu lassen, aber wir sind zu weit weg, und der Stein fällt nutzlos in den Sand. Schade, es war so ein guter Stein, völlig flach und kreisrund. Ich laufe hinterher, stolpere über ein Büschel Heidekraut und finde meinen Stein tatsächlich wieder. Als ich zurückkomme, klebt überall feuchter Sand an mir, und die eine Wange brennt, da hat mich ein Heidekrautzweig gekratzt. Dad rollt mit den Augen, macht sich aber heute nicht die Mühe, mich als Wildfang zu bezeichnen. Wild, das ist sein Lieblingswort für mich, und einer seiner Lieblingssätze über mich geht so: *Wenn ich geahnt hätte, dass die Zoohandlung mir ein wildes Tier geliefert hat, hätte ich dich schon längst zurückgeschickt.* Meistens brülle ich dann wie ein Löwe oder trommele wie ein Affe auf meine Brust oder zische wie eine Schlange.

Wir gehen weiter, und Dad erzählt mir eine Geschichte. Eine sehr alte Geschichte, die er von seiner Urgroßmutter hat und in der es darum geht, dass ein Mensch, der wirklich mit dem Meer verbunden ist und es versteht – sein Brüllen und sein Schweigen, sein Salz und seine Gischt, seine Tiefen und Untiefen –, dass so ein Mensch bei den Wellen einen Wunsch frei hat, und dieser Wunsch wird ihm auch erfüllt. Dads Urgroßmutter wünschte sich eine Perle, das Meer hörte ihr zu, und am nächsten Morgen lag eine Auster offen am Strand, und in ihrem Bauch lag ein schimmernder Mond. Ich würde mir einen lebenslangen Vorrat von Keksen wünschen und dazu die Fähigkeit, mich unsichtbar zu machen. Außerdem möchte ich nie mehr Bruchrechnen machen müssen. Ich frage Dad, was er sich wünschen würde, aber er antwortet nicht, sondern starrt nur hinaus auf die Wellen mit ihren weißen Schaumkrönchen.

Er scheint mit den Gedanken ganz woanders zu sein. Sein Gehirn ist ziemlich oft nicht wirklich in seinem Kopf. Dann wandert es durch Krankenhausflure und Patientenakten, kümmert sich um Medikamente und Herzschläge, aber von jetzt auf gleich kann es wieder zurück sein, und dann hebt er mich hoch und schmeißt mich ins Wasser oder schlägt mich vernichtend beim Uno. Aber heute, selbst als ich sage *Wer Erster oben ist* und sofort mit Pablo, unserem Hund, losrase, braucht er ewig und drei Tage, bis er seine großartigen Gedanken endlich abgeschüttelt hat und uns hinterherjagt bis nach Hause.

TOM

Mum verspätet sich beim Abholen. Es war ein langer Tag, und außer mir ist kein Kind mehr im Hort. Ich habe Hausaufgaben gemacht. Für Englisch soll ich eine Geschichte darüber schreiben, wie ich einmal ein Held war. Ob wahr oder erfunden, spielt keine Rolle. Ich denke mir eine aus, in der ich ein Superheld bin, der Leben rettet. Doch vor jedem Satz schaue ich hoch zum tickenden Minutenzeiger der Uhr über dem Whiteboard, und noch immer hat mein Superheld kein einziges Leben gerettet. Auf dem Blatt Papier vor mir steht nichts als ein Gewimmel von Wörtern, die zusammen keinen Sinn ergeben. Mein Herz klopft wie das eines Kolibris. Meine Finger zittern. Ich fange an, die Ecken meiner Geschichte zu einem Vogel zu falten.

Als Mum endlich erscheint, sehe ich zuerst nur ihre dunklen Umrisse durch die Glasscheibe in der Tür. Sie ist nur ein Schatten, aber ich weiß, dass sie es ist. Die Aufsichtslehrerin ist genervt und redet in scharfem Ton auf Mum ein, aber durch mich rauscht eine Welle der Erleichterung hindurch wie kaltes Wasser. Sie würde mich nie verlassen, das weiß ich, aber ich mache mir immer Sorgen, es könnte ihr etwas passieren. Immer mache ich mir Sorgen. Als ich sieben war und wir zum ersten Mal mitten in der Nacht von zu Hause weggelaufen sind, da war ich so voller Panik und Kälte, dass ein Samenkörnchen dieser Angst sich in mein Rückgrat gepflanzt und es nie wieder verlassen hat. Es hat Wurzeln gebildet, ist gewachsen und hat sich um meine Knochen gewickelt, bis ich nicht mehr wusste, wo die Angst endete und wo ich anfing.

Aber Mum scheint überhaupt nicht besorgt zu sein. Es tue ihr wirklich leid, sagt sie, aber sie habe im Krankenhaus nur schnell einen Kaffee mit jemandem trinken wollen und darüber völlig die Zeit vergessen. Sie drückt mir ganz fest die Hand, und dann gehen wir zu Fuß nach Hause. Ihre Wangen sind gerötet, und ihre Augen leuchten, und sie erzählt, was bei ihr am Tag los war, auf eine Weise, wie ich sie schon lange nicht mehr habe reden hören. So als hätte ihre Stimme wieder Farbe bekommen. Als wäre sie glücklich. Und ich frage mich, wie das passiert ist.

ZOFIA

Ich stehe früh auf und verbringe viel zu viel Zeit damit, den Kopf ins kalte Badewasser zu stecken, dann ganz einzutauchen und in den stillen blauen Kräuselwellen zu treiben. Ich spüre selbst, wie die Ballonmuskeln meiner Lunge immer stärker werden.

Einszweidreivierfünfsechssiebenacht

Herz schlägt schneller, Lunge bis zum Bersten gefüllt

Neunzehnelfzwölfdreizehn

Benommener Kopf, wirbelndes Wasser

Vierzehnfünfzehnsechzehnsiebzehn

Ich rase durch die letzten Sekunden, bis die Ränder der Welt langsam schwarz werden. Ich spüre ein Brennen in der Brust, Sterne explodieren vor meinen Augen, als ich mich hinsetze und die Stoppuhr kontrolliere. 16:56, steht da, aber Zahlen werden immer aufgerundet, das weiß ja jeder.

Ich notiere siebzehn Sekunden in meinem Schreibheft, dann schnell anziehen, ohne mich erst abzutrocknen, denn ich bin spät dran. Die Klamotten kleben an meiner Haut, es juckt.

In der Schule gewinne ich beim Fußball. Wir spielen immer fünf gegen fünf, weil wir in meiner Klasse nur zu zehnt sind. Mein Team sind die Roten, und wir gewinnen mit fünf zu zwei. Ich schieße zwei Tore und hätte auch noch ein drittes gemacht, wäre nicht Jude direkt vor mir über seinen rechten Fuß gestolpert und hätte mich mitgerissen, sodass ich mir grasgrüne Knie geholt hab. Ms Cassidy schreibt das Ergebnis an die Tafel. Die Roten führen in diesem Trimester mit zwei Toren. Es gibt keinen offiziellen Preis für das höchst offizielle Fußballturnier meiner Klasse, aber ich will trotzdem gewinnen, weil das so ein tolles Gefühl ist.

Obwohl es schon Oktober ist und die Sonne jeden Tag ein bisschen früher verschwindet, gehen wir nach der Schule alle zusammen an den Strand. Der Himmel ist schon blauschwarz mit ein paar grauen Wolkenflecken. Trotzdem ist hier wie immer der allerschönste Ort der ganzen Welt. Jeder Tag ist anders. Der halbmondförmige Strand ist eingefasst von Klippen, die übersät sind mit grünem Heidekraut und Stechginster. Das Meer und der Himmel sind immer gleich gekleidet, ob in grauen Samt oder in blaue Seide, in funkelndes Smaragdgrün, tiefschwarzes Obsidian oder geschmolzenes Gold, was so aussieht, als würden Goldmünzen aus einer Schatztruhe quellen. Meer und Himmel strecken sich träge einander entgegen, bis sie sich treffen, dann schieben sie ihre Ränder aneinander. Mal ist die Linie verschwommen, mal messerscharf. Aber sie treffen sich immer. Das Meer hat, wie Dad sagen würde, ein quecksilbriges Temperament. Genau genommen hat er erst ein polnisches Wort benutzt, das wir dann zusammen übersetzt haben. Anschließend haben wir auch die genaue Bedeutung des englischen Begriffs nachgeschlagen, denn unter *quecksilbrig* konnte ich mir genauso wenig vorstellen wie unter dem polnischen Wort.

Jedenfalls bedeutet es so viel wie *launisch sein, aus heiterem Himmel die Stimmung wechseln*, so wie das bei mir oft passiert. Manchmal scheint alles ruhig, aber in der Tiefe braut sich schon ein Sturm zusammen. Halima und ich hatten letztes Jahr die gleichen Stimmungsringe. Bei ihr wechselte die Farbe immer ganz gleichmäßig zwischen einem glitzernden Blaugrün und Rosa, mal mehr, mal weniger kräftig, während meiner nicht mit mir Schritt halten konnte. Vielleicht war er auch einfach nur kaputt.

Das Meer ist kalt, aber dafür habe ich meine Lunge und meine Haut ja trainiert. Hinter einer Düne schlüpfe ich schnell in meinen Neoprenanzug, bevor ich mich kopfüber ins Wasser stürze. Dommo steht mit der Stoppuhr am Strand.

Im ersten Moment kommt es mir vor, als wäre mit einem Schlag die ganze Luft aus meiner Lunge gewichen, aber von meinen Übungen in der Badewanne weiß ich, dass dieses Gefühl vorübergeht, dass das Brennen erst zunimmt und sich im Kreis dreht, bevor schließlich nur noch ein leises Hintergrundsummen in meinem Körper übrig ist. Als die ersten Sterne durch mein Gehirn wirbeln, schieße ich mit Gebrüll zurück an die Wasseroberfläche und trinke einen großen Schluck vom Himmel. Ich schwimme weiter, mein Kopf taucht auf und ab, ich trete, werfe mich hin und her, und meine Knochen sind flüssig, während ich durch die Wellen streife.

Ich fühle mich wie ein Teil des Meeres und hebe und senke mich im Einklang mit seinem Atem. Das ist noch besser als ein Sieg im Fußball.

Als meine Beine zu schreien anfangen, überprüfe ich, wie weit ich geschwommen bin. Weiter als zuvor, aber nicht weit genug.

Sechzehn Sekunden kräht Dommo mir zu, und ich bin einerseits enttäuscht, andererseits aber noch in Hochstimmung vom Schwimmen. Ich paddele zurück ans Ufer und spiele Volleyball mit Mo, Jacob und Jude, obwohl die Kälte sich immer noch Schicht um Schicht durch meine Haut gräbt.

Als sie schließlich durch die Sandschicht in unsere Knochen drängt, machen wir uns langsam auf den Heimweg. Das Meer ist jetzt schönes schwarzes Glas. Ich wäre gern noch länger geblieben, obwohl ich schon mit den Zähnen klappere, aber Jacob und Jude, die Zwillinge sind und von allen Jacob und Jude und nie Jude und Jacob genannt werden, müssen nach Hause zu ihrer Klavierstunde. (Was ich immer schon mal fragen wollte, aber im Trubel des Abschieds doch regelmäßig vergesse: Spielen sie gleichzeitig auf demselben Klavier, jeder auf seiner Hälfte?) Mo hat seiner kleinen Schwester versprochen, mit ihr eine Rakete zu bauen. Ich versuche, Dommo zu überreden, noch mit zu mir zu kommen, aber sie muss zum Abendessen zu Hause sein. Das muss ich auch, aber gleichzeitig würde ich so gerne am Strand bleiben, während es immer dunkler wird, und zusehen, wie die Klippen langsam mit der Nacht verschmelzen. So stapfen wir den Strand hoch und gehen nach und nach paarweise auseinander. Dommo wohnt gleich nebenan, deshalb gehen wir zusammen nach Hause, gefolgt vom Geruch des Meeres.

TOM

Es ist Wochenende, und ich habe nichts zu tun, was aber ganz in Ordnung ist. Mum ist nicht da, weswegen Mrs Adams im Wohnzimmer vor dem Fernseher sitzt und so eine Art Umhang strickt. Normalerweise, wenn Mum am Wochenende nicht hier ist, heißt das, dass sie Schichtdienst hat. Doch dieses Mal nicht, dieses Mal hat sie eine Verabredung. Als sie mir das gesagt hat, war es, als würde von einem Moment auf den anderen alles Blut aus meinem Kopf in die Füße sacken. Ich wünschte mir, sie würde lachen, mir durchs Haar wuscheln und sagen, das sei doch nur ein Witz gewesen. Stattdessen meinte sie, ich solle mir keine Sorgen machen. Als ob das irgendwie helfen könnte. Sie hat mir gesagt, wo sie sein würde und dass sie sich mit jemandem von der Arbeit treffen würde, aber mir ist immer noch ganz schlecht. Sofort ist die Sorge wieder da, in meinem Kopf, denn in Sicherheit sind wir nur zu zweit, Mum und ich.

Draußen regnet es, der Himmel ist stahlgrau. Mrs Adams fragt, ob ich vielleicht in den Park gehen möchte, aber das sagt sie nur, um nett zu sein. Als ich sage, dass ich an einem Projekt für die Schule arbeiten muss, sieht sie erleichtert aus. In Wirklichkeit muss ich gar nichts machen, ich will bloß nicht in den Park und so tun, als hätte ich Spaß, wenn ich in Wirklichkeit immer nur versuche, durch das diesige Licht zu spähen, ob *er* irgendwo ist.

Ich bastele eine winzige Stadt. Eine Stadt aus Papier. Ich falte alles sorgfältig und achte darauf, dass sämtliche Linien so gerade und perfekt wie möglich werden. Ich folge den Anweisungen im Origamibuch ganz genau. Ich falte Wolkenkratzer. Ich falte kleine Häuser. Eins nur für Mum und mich. Ich falte Autobusse und einen Zug und ein Schiff für den Fluss. Für mich baue ich eine Schule. Und für Mum ein Krankenhaus, in dem sie arbeiten kann. Ich mache alles genau so, wie ich es mir wünsche. Drum herum baue ich eine große Mauer, hinter der wir sicher sind. Nach und nach dehnt sich die Stadt über meinen ganzen Schreibtisch aus, und so vergeht der Tag, und meine Finger haben Zitterverbot.

ZOFIA

Es ist Samstag, und es regnet, was so ungefähr das Ungerechteste von der ganzen Welt ist. Ich hasse verregnete Wochenenden. Erst ist es ja noch ganz lustig, denn dann werfen wir immer den Holzofen an, rösten Marshmallows und gucken Zeichentrickfilme auf Netflix, aber nach einer Weile werde ich zappelig, dann kribbelt und juckt es mich überall, und ich will endlich raus und irgendwas machen. Aber heute ist es so kalt, dass meine Knochen schon zu Eiszapfen werden, wenn ich nur im Vorgarten stehe und hinunter zum Strand schaue. Mein Atem gefriert, und ich atme Wölkchen aus wie ein feuerspeiender Drache. Das Meer ist tintenschwarz, und der Strand grau und von schmuddeligen Schaumkrönchen überzogen. Klar, es ist immer noch toll hier, aber nicht ganz so toll wie im Frühling oder im Sommer. Ich hab nicht einmal Lust zu schwimmen, obwohl ich dringend trainieren müsste. Selbst Pablo hat keine Lust zu schwimmen – dabei hat er einmal eine geschlagene Stunde im Schneesturm draußen gestanden und sich geweigert reinzukommen, nur weil er glaubte, einen Fuchs zu sehen. In Wirklichkeit war es bloß eine orange Plastiktüte, aber sag das mal Pablo. Zum einen, weil er ein Hund ist, zum anderen, weil er auf absolut niemanden hört. Also lasse ich Wasser in die Badewanne ein, stürze mich neunzehn Sekunden lang unter die eisige Oberfläche, hüpfe anschließend wie blöd herum, vor lauter Glück über meinen Erfolg. Der Boden steht wieder mal unter Wasser.

Aber was hätte ich heute schon machen können außer der Badewannenübung? Dad ist unterwegs. Er hat gesagt, wo er hinwollte, aber ich hab nicht hingehört. Jetzt sollte ich eigentlich bei Dommo sein, aber wir sind dann doch zu mir gegangen, weil ihr kleiner Bruder ständig genervt hat.

Stundenlang sind Dommo und ich damit beschäftigt, die Treppe in eine Rodelbahn zu verwandeln. Wir hatten nämlich eine ganz tolle Idee: Wir nehmen Bettdecken und Kissen als Schneeersatz und ein altes Teetablett und einen Pappkarton als Schlitten. Der Karton ist schon kaputt, als er am Ende der Treppe auf den Boden aufknallt, womit wir im Grunde sogar ein wissenschaftliches Experiment gemacht haben. Das Teetablett funktioniert viel besser, also wechseln wir uns damit ab und zischen und sausen und poltern immer wieder den Hang hinunter. Besser kann man einen Tag nicht verbringen, an dem nie Licht durch die Wolken kommt, dafür aber jede Menge Regen.

Als Dad nach Hause kommt, haben die Treppenstufen und der Boden im Eingang wieder ziemlich genau dieselbe Farbe, die sie heute Morgen hatten. Trotzdem werde ich wohl gute Argumente brauchen, um ihn irgendwie davon zu überzeugen, dass es sich um einen *Versuch im Interesse der Wissenschaft* handelte. Die schwarze Macke über dem Geländer springt einem direkt ins Auge, doch er bemerkt sie nicht einmal. Das heißt: Irgendetwas stimmt nicht. Dad sieht sonst alles auf den ersten Blick, was mich unglaublich nervt. Er sieht, wenn ich die Socken vom Vortag anhabe oder meine Erbsen unter der Serviette verstecke oder auch, ob ich heißen Kakao auf meinem Kissen verschlabbert und dann das Kissen umgedreht habe, damit es nicht auffällt. Dommo schnappt sich die Kissen, die sie heimlich, still und leise vom Bett ihres Bruders geliehen hatte, und verdrückt sich unauffällig durch die Hintertür, bevor Dads Augen sich wieder einschalten und er die Macke über dem Geländer sieht. Die ist wirklich ganz schön schwarz. Und groß. Und in Augenhöhe.

Aber er merkt nichts. Stattdessen fährt er sich mit den Händen durchs Haar, wie er es immer tut, wenn er sehr müde ist, weil er tausend Stunden gearbeitet hat, oder wenn ich ihn zu einem Ghibli-Filmmarathon gezwungen habe oder zu einem Wettrennen mit Pablo und mir am Strand, gegen den Wind.

Ich soll mich zu ihm an den Tisch setzen.

Er räuspert sich.

Er zwirbelt seine Haare.

Er verschränkt die Finger.

Als ich gerade aufstehen und irgendwas Spannenderes machen will, als ihm bei diesem Gehampel zuzusehen, da fängt er an. Und ich wünschte wirklich, er hätte geschwiegen.

Es gibt da jemanden, den ich kennenlernen soll.

Das gab's noch nie, dass ich jemanden kennenlernen sollte.

Er sagt das mit einer Stimme, bei der meine sämtlichen Nerven unter Strom stehen, und das fühlt sich alles andere als gut an.

Ich lasse ihn einfach reden, bis er all seine Wörter aufgebraucht hat, dann stehe ich wortlos auf und gehe mit Pablo an den Strand, der jetzt im Licht der späten Sonnenstrahlen daliegt. Ich breite die Arme weit aus und lasse den Wind zwischen meinen Fingern hindurchsausen und dieses Gefühl wegblasen.

Ein winziges Samenkörnchen Sorge stapft durch meinen Hinterkopf, aber ich zerquetsche es, bevor es anfangen kann herumzubrüllen. Ich stehe mit vom Wind zerzausten Haaren auf meinem vom Wind gepeitschten Strand und sehe zu, wie die sterbende Sonne Lichtstaub auf dem Meer ausstreut.

TOM

Ich will nicht, dass Mum jemanden kennengelernt hat. Der Gedanke blinkt neongrell in meinem Kopf auf, und ich kann die Farben einfach nicht abschalten.

Nur wir zwei, so hatte ich mir das vorgestellt.

Wir hatten zwei volle Jahre ohne Dad und ohne dass irgendetwas Schlimmes passiert ist, und wenn es nach mir ginge, sollte alles so bleiben, wie es war. Fast die ganzen zwei Jahre habe ich gebraucht, um glauben zu können, dass er nicht zurückkommt, und trotzdem spielt mir mein Gehirn manchmal Streiche. Immer hatte er versprochen, uns in Ruhe zu lassen, und dreimal sein Versprechen gebrochen, bevor er endgültig weggegangen ist. Selbst wenn ich also wusste, dass er uns nicht auflauern konnte, fühlte ich mich nicht sicher.

Ich will, dass Mum in Sicherheit ist, und ich will, dass wir einfach leben können, wie wir wollen, ohne uns Gedanken machen zu müssen, was jemand vielleicht tun könnte. Mum hat sich immer solche Sorgen gemacht wegen Dad. Was er eventuell tun könnte. Sie dachte, ich würde das nicht merken, aber natürlich habe ich es bemerkt. Ich konnte jeden Gedanken von ihrem Gesicht ablesen, auch wenn sie glaubte, sie könnte ihn vor mir verbergen. Ich weiß, wie sehr sie sich abgemüht hat, alles, was sie tat und sagte, so hinzubiegen, dass er ruhig blieb und nicht wütend wurde.

Manchmal hat es funktioniert.

Meistens aber nicht.

Und jetzt könnte das Ganze wieder von vorn losgehen. Heute Nacht schaffe ich es nicht, im Dunkeln Sekunden zu zählen.

ZOFIA

Ich gehe mit Pablo am Rande der Bucht entlang. Der Wind heult und wühlt das Meer auf und zerzaust mir das Haar. Pablo ist ganz aus dem Häuschen. Er schnappt nach so viel Seegras wie möglich und schleift es im Weiterrennen wie ein Gymnastikband hinter sich her. Von Zeit zu Zeit stolpert er, dann rollt er im Sand herum, ein Ball aus Seegras, vier Pfoten und Schwanz. Bis wir zu Hause sind, wird er sich ganz schön eingedreckt haben. Ich werde ihn in Dads Schlafzimmer schicken.

Aber erst mal lasse ich ihn spielen, setze mich in den feuchten Sand und schaue den Wellen zu, die an den Strand rollen. Es ist, als ob das Meer atmet. Ich lasse mich zurücksinken, bis mein Kopf auf dem feuchten Sand liegt, und sehe zu, wie der Wind den mattgrauen Himmel aufwirbelt. Das neue Gefühl in mir bekommt gerade junge Triebe und Blätter, und ich versuche, es einfach wegzubrüllen. Ich schreie die Wolken an, und der Lärm hallt von den Klippen zurück und wird vom Wind mitgerissen, so als hätte ich nicht den leisesten Ton von mir gegeben.

Ich will nicht, dass sich etwas ändert.

TOM

Wir fahren zu einem Café. Die Fahrt dauert ziemlich lange, und mir wird ein bisschen übel. Als wir aussteigen und ich ein paarmal tief Luft hole, schmecke ich Salz auf meiner Zunge. Über mir kreist krächzendes Geschrei – Tausende von Möwen auf der Jagd nach Fish and Chips. Sie schlagen mit den Flügeln, streifen die Wolken und stürzen sich am Horizont kopfüber in die Wellen. Beim Blick aufs Meer wird mir erst recht schlecht. Aber Mum lächelt mich an, und ich schlucke das Gefühl von Übelkeit hinunter, sodass es jetzt in mir weiterwächst, und das liegt nicht mehr an der Autofahrt.

Ich entdecke die beiden, Vater und Tochter, im Café, sie sehen genauso aus wie auf dem Foto, das Mum mir gezeigt hat, als sie davon anfing, dass sie mir gerne jemanden vorstellen würde. Nur dass das Mädchen auf dem Foto lächelte und sich sternförmig ausstreckte. Jetzt sitzt sie zusammengekauert auf einem Stuhl und ist total sauer.

Marek steht sofort auf, kommt uns entgegen und beugt sich erst vor, als wollte er Mum umarmen, doch dann stoppt er und sagt *Hallo Tom, ich hab schon so viel von dir gehört. Komm, ich möchte dir Zofia vorstellen.* Er spricht mit einem leichten Akzent, der sich anhört wie das Auf und Ab der Wellen da draußen. Groß ist er. Größer als Dad. Ich lasse mich hinter Mum zurückfallen und gehe mit ihr zur Theke, um Getränke zu holen, statt mich zu Marek und dem wütenden Mädchen zu setzen.

ZOFIA

Dad muss sich irgendwie vertan haben, denke ich, als die beiden hereinkommen und ich den Jungen zum ersten Mal sehe. Elf soll er sein, genau wie ich, nur dass ich einen Monat älter bin, weil ich im September Geburtstag habe, weswegen ich auch in fast jeder Klasse die Älteste bin, zurzeit sogar fast die Älteste in der ganzen Schule. Aber dieser Junge sieht wie ein Erstklässler aus, total mager, mit Armen und Beinen wie Streichhölzer, dazu diese riesigen Augen, viel zu lange dunkle Haare und abgekaute Fingernägel. Sein Gesicht leuchtet richtig, so bleich ist er. Seine Adern zeichnen sich wie tiefblaue Flüsse unter der Haut ab, und seine Knochen liegen so dicht unter der Oberfläche, dass ich mich frage, ob sie besonders zerbrechlich sind und ob sie sich von der weißen Haut seiner Arme überhaupt abheben würden. Mir kommt er vor wie fünf, allerhöchstens sechs. Nicht einmal neun oder zehn und schon gar nicht elf. Ich weiß nicht, ob er zittert oder ob der leichte Zugwind von der Tür her an seinem Skelett rüttelt, aber ich verdrehe die Augen und zeige ihm meinen besten bösen Blick und mein bestes wütendes Knurren. Ich würde alles dafür geben, in diesem Moment nicht hier zu sein.

Ich trinke meinen Kakao, während Tom in diesem verängstigten, unterwürfigen kleinen Schweigen dasitzt. Mit jeder Sekunde, die er länger still bleibt, werde ich lauter und lauter, einfach nur, um den Raum zwischen uns mit irgendetwas zu füllen, mit irgendeinem Geräusch oder Gerede oder Wörtern, damit das Gewicht von dem, was da gerade passiert, keine Chance hat, sich auf uns zu legen. Je lauter ich bin, umso kleiner wird er. Er kauert sich immer mehr auf seinem Stuhl zusammen, bis es mir so vorkommt, als bestünde er aus Flüssigkeit und würde bald verdunsten.

Fiona versucht sich mit mir zu unterhalten – über die Schule und Pablo und übers Schwimmen, sogar über japanische Zeichentrickfilme, woran ich merke, dass Dad ihr so eine Art offiziellen *Stichwortkatalog Zofia* gegeben haben muss. Ich knurre und gucke nur noch böser und verwandle mich in einen Sturm. Niemand will mit mir reden, wenn ich ein Sturm bin. Ich kann eine wütende schwarze Wolke werden oder auch ein tosender Tornado, das Ergebnis ist immer dasselbe. Doch Fiona versucht es immer wieder, und auch ich gebe mir große Mühe, dass der Sturm nicht die Oberhand gewinnt.

Ich kreuze Zeige- und Mittelfinger und wünsche mir inständig, dass wir die beiden nie mehr sehen müssen. Dad stellt mir doch sonst nicht seine Freundinnen vor, deren Kinder schon gar nicht. Diesmal muss es also ernster sein als sonst, aber egal: Nach diesem Treffen mit dem *unglaublichen schrumpfenden Jungen* muss Dad doch kapieren, dass die Idee reiner Schwachsinn war, und seine Meinung gründlich ändern, jedenfalls glaube und hoffe ich das. Dann können wir zurück in unser Cottage, wo wir ganz unter uns sind, er und ich und Pablo und Frida, die Katze. Und alles bleibt, wie es vorher war.

Doch als wir nach Hause kommen, staucht Dad mich richtig zusammen, *unverschämt* sei ich gewesen und *laut*, und sobald ich diese beiden Wörter höre, schalte ich ab, mahle sie zu Staub und spinne mich selbst ein in einen Raum weit weg von dem Geschimpfe. Ich schaffe es nicht weit genug weg, und so höre ich doch einige der Worte, die von ihm zu mir fliegen.

Wichtig
ein besonderer Moment in unserem Leben
das hier ist ernst, ich will, dass es funktioniert
bitte, Zofia

Aber ich springe auf und zur Tür hinaus, setze mich in den Sand und lasse mich einlullen vom Klang des Windes und der Wellen, bis ich wieder völlig ruhig bin, und sehe zu, wie in der Ferne die Fahnen für mich tanzen.

TOM

Nach dem ersten Treffen mit Zofia und Marek schaffe ich abends zweiundzwanzig Sekunden. Ich gebe mir solche Mühe, aber die Bilder, die ich im Dunkeln sehe, gehen einfach nicht weg. Mein Atem kommt stoßweise. Meine Finger fangen wieder an zu zittern. Meine Muskeln auch. Ich bin lächerlich, genau wie er es gesagt hat.

Ich fange an, Vögel zu falten.

Fünf. Zehn. Fünfzehn. Zwanzig.

Mum sagt, Marek ist nicht wie Dad. Sie hat es mir versprochen.

Aber woher will sie das wissen? Dad konnte so normal sein wie andere x-beliebige Väter auch. Konnte auf Elternabenden lauthals damit angeben, was für ein toller Schüler ich sei, und alle Lehrer haben gelächelt. Oder er lud Mum und mich in die Pizzeria ein und erklärte dem Kellner *Musste doch meine beiden Lieblingsmenschen mal wieder ausführen. Bestellt, was ihr wollt, Leute, ihr seid es mir wert.* Ich erinnere mich noch an die superteuren Turnschuhe, die er mir einmal gekauft hat und an denen ich mir die Füße wundgescheuert habe, obwohl ich die Dinger jeden Tag getragen habe.

Ich will, dass wir nur zu zweit sind, Mum und ich. Wir beide. Ich will mir keine Sorgen machen müssen wegen irgendjemandem, nicht bei jeder kleinen Bewegung zusammenzucken oder mich kleinmachen. Ich will den Raum um uns herum nicht teilen müssen. So wie wir im Moment leben, so ist es genau passend. Ich will nicht wieder dieses Gefühl haben, dass die Welt um mich herum schwankt, dass wir nicht in Sicherheit sind. Aber genau dieses Gefühl schleicht sich gerade wieder zurück in mein Gehirn und bohrt sich in meine Knochen.

ZOFIA

Wir stehen am Strand und schauen zum Fidschi hinüber, Dommo und ich. Sie guckt dauernd auf ihre Uhr, obwohl wir doch wissen, wie spät es ist, aber sie hat jetzt so ein cooles, wasserdichtes Teil, das ihr Vater ihr letzte Woche zum Geburtstag geschenkt hat. *Damit können wir unsere Zeiten stoppen* sagt sie *zurückgelegte Strecken messen, stoppen, wie lange du unter Wasser die Luft anhalten kannst, meinetwegen auch Wale antexten oder so.* Ich brauche keine Uhr, um zum Fidschi zu kommen. Ich muss einfach nur trainieren. Einfach nur schwimmen.

Wir stürzen uns ins Wasser, und es brennt wie Feuer, so kalt ist es. Zigmal kälter als das Wasser zu Hause in der Badewanne. Dommo schreit laut auf. *Sei still* zische ich ihr zu, denn eigentlich dürfen wir nicht schwimmen gehen, ohne vorher einem Erwachsenen Bescheid zu sagen, aber außer dem Geklapper meiner Zähne ist nichts zu hören. Ich hole tief Luft, der Atem rumpelt durch meine zitternden Muskeln hinunter in die Lunge, und dann tauche ich mit dem Kopf ein. Bei so viel Wasser wirbelt alles, was es sonst auf der Welt gibt, davon.

Die Wellen schieben mich zurück ans Ufer. Mit Armen und Beinen kämpfe ich dagegen an und versuche, dieses Gefühl, durch Feuer zu schwimmen, hinter mir zu lassen. Bei jedem Zug zähle ich im Kopf mit – eins und zwei und eins und zwei und eins und zwei –, bis die Zahlen verschwimmen. Es ist, als würde ich gegen einen riesigen Tintenfisch kämpfen, der mich immer wieder mit einem seiner glitschigen Arme packt und irgendwo absetzt, wo ich gar nicht hinwill. Ich bewege Arme und Beine unter den krachenden Wellen und dränge vorwärts, aber es fühlt sich so an, als würde das ganze Gewicht des Wassers auf meiner Brust lasten, ich bekomme nicht genug Luft, anscheinend wickelt gerade eine Mondqualle ihren rosigen Körper um mich herum, und meine Haut schreit auf.

Ich schüttele meine Füße, strecke die Zehen aus und fühle immer noch körnigen Sand, also Meeresboden, was gar nicht sein kann, schließlich trainiere ich jetzt schon seit Ewigkeiten, da müsste ich doch längst im tiefen Teil des Meeres sein. Im selben Moment, wo ich mit den Füßen den Sand berühre, löst sich ein Teil meiner Energie auf und fließt ins Meer. Ich schaue zu Dommo hinüber, die meilenweit voraus ist, sehe ihre Ellenbogen sich heben und senken, während sie mir immer weiter davonschwimmt.

Ich trotte zurück ans Ufer und setze mich in meinem eiskalten Neoprenanzug ans Ufer. Ich *kann* schwimmen. Ich kann sogar wahnsinnig gut schwimmen. Ich kann besser schwimmen als jeder andere in unserer Schule, einschließlich Dommo. Ich hab trainiert, die Luft in der Lunge zu halten, und ich hab trainiert, den Schock bei der Berührung mit dem eisigen Wasser zu ertragen.

In meiner Brust kocht nach und nach helle Wut hoch. Ich schleudere einen glatten Stein in die heranstürmenden Wellen und sehe zu, wie er das Wasser durchdringt.

Als Dommo endlich wieder zurück an Land kommt, hat sie blaue Lippen und ist glücklich. Sie guckt auf ihre blöde Uhr und sagt *Zwanzig Minuten, ein neuer Rekord. Ich glaube, fast bin ich so weit. Was ist mit dir?* Ich murmele irgendetwas über einen gezerrten Muskel und stapfe durch den nassen Sand nach Hause. Ich brauche jetzt erst mal einen heißen Tee. Ich hasse es, wenn Dommo etwas ohne mich macht, und obwohl wir das eben theoretisch zusammen gemacht haben, war ich doch ganz allein.

TOM

Mum ist irgendwie verändert neuerdings. Auf einmal ist es so hell um sie herum, ihre Bewegungen haben Farbe bekommen, und wenn sie spricht, höre ich kleine Bläschen aufsteigen. Ich fühle mich wie mitten durchgerissen. Als wäre ich ein Stück Papier, das entlang einer exakten Linie in zwei Teile geteilt wurde. Zwei Toms. Einer von ihnen will, dass Mum glücklich ist. Der andere will, dass ich glücklich bin. Und ich weiß nicht, wie ich die zwei Teile wieder zusammensetzen kann.

Wir gehen Pizza essen, nur wir zwei. Wir sehen den Köchen zu, wie sie den ausgerollten Pizzateig auf einem Finger kreisen lassen, bis sich irgendwann auch unsere Augen im Kreis drehen, uns schwindlig wird und wir lachen müssen. Ich bestelle mir meine Lieblingspizza – mit extra Käse und Champignons – und bekomme sogar eine Cola. Mum mag keine Pilze. Ich sei eklig, wirft sie mir an den Kopf. Also nehme ich einen und bewerfe sie damit, aber sie schimpft nicht, sie weiß, dass das nur ein Scherz war. Wenn Dad jetzt hier wäre, hätte ich das nicht gemacht. Sobald ich daran denke, verschwindet schlagartig alles Glück aus mir. Solange wir nur zu zweit sind, Mum und ich, kann ich ich selbst sein, dann ist alles gut.

ZOFIA

Jedes. Bescheuerte. Wochenende. Jedes einzelne. Tausend Millionen Wochenenden. Eine Milliarde Stunden. Lauter verplemperte Sekunden und Minuten und Stunden und Tage, an denen ich im Meer hätte trainieren können, um mich herum Salz, Stürme und wütende Fische. Oder ich könnte im friedlichen Badezimmer still, leise und atemlos meinen Rekord im Luftanhalten Sekunde um Sekunde verbessern. Gerade nach diesem katastrophalen letzten Schwimmen wäre das jetzt umso wichtiger. Doch jedes Mal, wenn ich im Bad den Kopf unter Wasser stecke, fahre ich halb erstickt wieder hoch und schnappe nach Luft. Als hätte ich vergessen, wie mein Körper funktioniert. Aber es hätte ja auch andere Sachen gegeben: Volleyball mit der Mannschaft, Videospiele mit Dommo oder Milchshakes mixen mit Halima, wobei wir immer testen, wie viele Schokoriegel in einen ganz normalen Mixer passen. Stattdessen müssen wir jedes Wochenende mit Tom und Fiona verbringen. Wir gehen bowlen, was er hasst, er stellt sich aber auch total blöd an, und wenn die Pins umfallen, zuckt er jedes Mal zusammen wie blöd. Wir gehen Pizza essen, aber er knabbert bloß wie ein Vögelchen. Nur wenn wir in Museen gehen, lebt er tatsächlich ein bisschen auf, aber mir ist da langweilig, langweilig mit großem L und am besten noch doppelt unterstrichen.

Es ist einfach schrecklich, ich hasse es, und ich hasse diese Leute. Wochenende, das hieß bisher für mich: Treppenrodeln oder Pablo dressieren

(Rolle rückwärts, bisher ohne Erfolg, aber ich hatte ja in den letzten Wochen auch wenig Zeit) und abends mit den anderen am Strand abhängen. Jetzt gibt es feste Verabredungen zu Ausflügen und irgendwelchen Unternehmungen mit dem langweiligsten Jungen auf dem ganzen Planeten.

Wenn ich mich bei Dad beschwere, nickt er, als würde er mir zuhören und würde verstehen, wie sich das für mich anfühlt, aber dann sagt er *Sei nicht so streng mit Tom, er hat wirklich schwere Zeiten hinter sich*. So als wäre das meine Schuld oder als könnte ich irgendwas daran ändern. Nichts von alledem ist meine Schuld.

Kurz vor den Feiertagen gehen wir zusammen auf den Weihnachtsmarkt in der Stadt. Alle vier. Wie so eine scheinbar glückliche Familie, die irgendwer zusammengewürfelt hat, während alle die Augen geschlossen hatten. Ich wünschte, ich wäre mit Dad allein hier, vielleicht noch mit Dommo. Es riecht nach Tannenbäumen und gerösteten Kastanien, und es gibt Stände, an denen Holzkistchen mit Geheimfächern verkauft werden, glitzernden Christbaumschmuck und Zuckerwatte in Sternform. Dad kauft Fiona eine funkelnde Schneekugel für ihren Weihnachtsbaum, und er küsst sie auf die Wange und flüstert ihr etwas zu, was ich nicht verstehen kann, trotzdem mache ich ein Geräusch, als müsste ich mich übergeben, und Tom guckt entgeistert. Dad haut mir mit einer Papiertüte auf den Kopf, und Tom macht einen Schritt zurück und drängt sich dicht an Fiona.

Der Junge hat solchen Schiss, vor allem. Einfach lächerlich! Ich kann nicht verstehen, wie jemand vor so vielen Dingen Angst haben kann. Ich knirsche mit den Zähnen und balle meine Hände so fest zu Fäusten, dass ich mir mit den Fingernägeln Halbmonde in die Handflächen bohre.

Ich gehe allein zu einem Stand, an dem Lebkuchenhäuser verkauft werden. Bonbons in Regenbogenfarben sind die Dachziegel, die Fenster bestehen aus karamellisiertem Zucker. So eins will ich unbedingt haben, aber als ich mich zu Dad umdrehe, damit er mir etwas Taschengeld gibt, ist er nicht da. Ich drehe mich einmal ringsum, und durch all die kreisenden und schwankenden Lichter hindurch entdecke ich ihn und Fiona und Tom an einem Stand mit gestrickten Weihnachtsstrümpfen. Nur die drei. Für mich gäb's da keine Lücke. Einen Moment lang stehe ich wie erstarrt da und kann nicht wegsehen. Dann weint irgendwo ein kleines Kind, und ich schüttele mich wieder wach und drehe den Kopf von einer Seite zur anderen. Dad sagt wieder irgendwas zu Fiona, und ihr Lachen steigt hoch in die Dämmerung.

Ich laufe schnell zu ihnen, aber keiner bemerkt mich, also beuge ich mich vor, bis ich dicht genug bin, um die Sommersprossen in Toms Nacken zu sehen, und rufe laut *Buuuh!*

Er zuckt dermaßen zusammen, dass er fast aus der Haut fährt, buchstäblich.

TOM

Wir sehen die beiden nicht jedes Wochenende, aber doch immer öfter. Erst war es einmal im Monat und dann alle drei Wochen, inzwischen alle zwei Wochen und manchmal sogar noch zusätzlich unter der Woche. Wir wohnen weit auseinander, deshalb wechseln wir uns mit dem Fahren ab. Einmal waren wir bei ihnen zu Hause, und ich habe ihren Hund und die Katze kennengelernt, die beide viel netter waren als Zofia, obwohl die Katze nach mir ausgeholt und der Hund mich fast umgerannt hat, als ich ihn begrüßen wollte.

Am schlimmsten war der Weihnachtsmarkt. Mum hat gesagt, dass Zofia es nicht böse gemeint hat, es sei ein Missverständnis gewesen. Ein Irrtum. Ein Scherz. Sie konnte nicht wissen, dass ich zusammenzucken, zittern und weinen würde. Trotzdem, ich hasse sie. Ich hasse es, dass sie so laut ist und so wild und so unhöflich und dass ihre Stimme alles andere im ganzen Universum übertönt und sich in meinem Gehirn einnistet. Ich hasse ihre Art, sich so schnell zu bewegen, dass ich jedes Mal zusammenfahre. Ich hasse es, wie sie jeden Raum mit ihrem Lärm und ihren Ideen ausfüllt. Ich hasse es, dass sie mir überhaupt keinen Freiraum lässt. Ich hasse es, wie ich mich in ihrer Gegenwart fühle. Ich hasse es, wenn Mum sich mit ihr übers Schwimmen und Filme und Hunde unterhält. Ich hasse es, dass sie immer immer da ist.

Vor allem hasse ich es, wenn ich sehe, welche Mühe Mum sich gibt, mit Zofia zu reden, die sie jedoch völlig ignoriert. Oder wenn Zofia frech wird und Mum über den Mund fährt; ich sehe es Mum an den Augen an, wie verletzt sie ist, und trotzdem versucht sie es immer wieder. Dann erinnere ich mich daran, wie das früher mit Dad war, wie sie alles versucht hat, um ihn zu beruhigen, was aber nie funktioniert hat, und ich wünsche mir nichts sehnlicher, als dass sie das nie wieder tun muss.

Aber ich schiebe diese Gefühle weg, falte sie zusammen wie Papier und versuche, Zofia zu vergessen.

ZOFIA

Ich verbringe jetzt die meiste Zeit unter Wasser. In dieser andersartigen, trüben Welt versuche ich, mir die Gedanken aus dem Gehirn zu spülen, aber es funktioniert nicht. Ich kann mich nicht aufs Atmen konzentrieren, ich spüre ein Stechen in der Lunge, ich pruste und huste. Kostbare Sekunden vergeudet und ruiniert.

Ich hasse die Art, wie Fiona mit mir spricht. Als wäre ich noch ein Kleinkind. Als wäre ich *ihr* Kind. Dad ist ständig sauer auf mich, weil ich angeblich *unhöflich* bin, *aufsässig*, aber ich hab einfach keine Lust mehr, auch nur eine einzige weitere Frage zu beantworten, egal worum es geht, ob um Schule, Hausaufgaben, Meer, Filme, Hunde oder sonst irgendwas. Die Frau macht mich einfach wahnsinnig, ich könnte die Wände hochgehen. Ich will nicht ihre Freundin sein, und ich will auch keine Mutter, ich will sie und Tom überhaupt nicht in meinem Leben haben. Dad und ich und Pablo und Frida, so ist es gut. Vielleicht noch eine Tarantel als Haustier, die steht nämlich ganz oben auf meinem Weihnachtswunschzettel, auch wenn Dad schon *Kommt überhaupt nicht infrage* gesagt hat.

TOM

Wenigstens müssen wir nicht Weihnachten mit denen feiern. Da sind Mum und ich mit den blinkenden Lichtern am Baum allein. Wir werden zusammen kochen, wir werden fernsehen, was wir wollen und solange wir wollen, ohne dass jemand sagt, wir sollen endlich ausmachen und sofort den Tisch abräumen und *Jetzt ist Schluss Schluss Schluss*. Vielleicht erinnert sie sich dann wieder daran, dass wir niemand sonst brauchen.

An Heiligabend kommt Mrs Adams und bringt mir einen Mini-Weihnachtsbaum mit kleinen Leuchtsternen und ein Buch, von dem sie sagt, dass ihr Enkel es ganz toll findet. Das ist so nett von ihr, dass ich sie plötzlich umarme, was uns beide überrascht, und sie tätschelt mir mit ihrer knotigen alten Hand den Kopf und sagt, ich sei ein guter Junge.

Weihnachten ist dann auch ganz friedlich und total schön. Ich schenke Mum einen Elefanten, den ich für sie aus Papier gefaltet habe (sie liebt Elefanten), und eine Uhr, die ich im Werkunterricht selbst gebaut habe. Die Zahnräder habe ich nicht selbst gemacht, aber ich habe sie zusammengesetzt und in ein Gehäuse aus durchsichtigem Kunststoff getan, damit Mum zusehen kann, wie sich die Zahnräder bewegen und ineinandergreifen. Ich finde das schön, deshalb wollte ich sie nicht verstecken. Mum ist begeistert und umarmt mich so fest, dass ich mich ganz darin aufgehoben fühle. Sie schenkt mir einen Legobausatz, eine Glaskugel, die wie zersplittert aussieht und bei jeder Berührung Licht aussendet, außerdem viele Hundert Blatt rechteckiges Faltpapier, teils einfarbig, teils gemustert. Wir essen zu viel, und wir gucken einen Weihnachtsfilm, der so blöd ist und so lustig, dass mir irgendwann der Bauch wehtut vom Lachen und ich alles vergesse außer uns beiden.

An diesem Abend falte ich vor dem Einschlafen nur eine einzige Origamifigur, und nur ein einziges kleines Nachtlicht brennt.

ZOFIA

An Neujahr gehe ich mit Dad zum Strand, wo wie jedes Jahr der sogenannte *Dunk* stattfindet. Der Dunk ist legendär bei uns in der Gegend und vielleicht das Ereignis, auf das ich mich jedes Jahr am meisten freue. Alle gehen dahin. Alle Schüler unserer Schule sind mit ihren Familien da, wir klatschen uns gegenseitig ab, und ich falle über Leo her, als er überhaupt nicht damit rechnet, und ringe ihn zu Boden. Damit steht es fünf zu drei für mich.

Wir ziehen unsere Neoprenanzüge an, die an der Haut kleben, sich daran festsaugen, und Dad setzt seine Schwimmbrille auf. Ich brauche keine, ich kann die Augen unter Wasser offen halten, aber Dad sagt, davon würden ihm die Augen jucken. Ein paar Leute binden sich Flaggen um, was mir kurz einen Stich versetzt, aber es ist schon okay, ich habe noch jede Menge Zeit, und heute ist es zu kalt.

Das Meer ist so schön heute, es schimmert wie Stahl, genau wie der Himmel, und die unterschiedlichen Grautöne verbinden sich am Horizont zu seidenen Strähnen. Als ich eintauche, verschlägt es mir den Atem, und ich drehe mich auf den Rücken und schaue in die Wolken.

Spitze Schreie und laute Rufe brechen sich an den Klippen und schallen zurück, und im nächsten Moment ist das Meer voll von Köpfen und Beinen, grellgelbe Schwimmflossen tauchen kurz auf, Licht bricht sich in Schwimmbrillen. Wir starten alle gleichzeitig, aber manche sind schon nach fünf Sekunden wieder draußen und setzen sich mit ihren Thermoskannen voll Kaffee in den Sand, während andere bis zum Fidschi schwimmen und ihre Flaggen an die bereits wartenden Stangen binden, wieder andere, solche wie ich und mein Dad, treten Wasser und tauchen unter und jagen einander. Mein Körper erinnert sich genau, was er tun soll, und zusammen mit Dad bin ich wieder ein Teil der rollenden Wellen, nur wir beide, und alles ist gut.

TOM

Erst denke ich, ich muss mich verhört haben. Dass ihre Worte sich in mir umgeformt haben zu meinem allerschlimmsten Albtraum.

Doch dann wiederholt sie sie. Ich höre genau hin, damit mir keine einzige Silbe entgeht.

Aber auch beim zweiten Mal bleibt alles gleich.

»Ich möchte, dass wir zu Marek und Zofia ziehen.«

Ich schreie nicht, brülle auch nicht herum, denn so etwas tu ich nie. Ich habe gelernt, möglichst wenig Lärm zu machen. Für alle Fälle. Ich lasse die Worte einsinken in meine Haut und in meine Knochen, und mir wird ganz kalt. Die Panik, die auch sonst immer durch mein Blut kriecht, wälzt sich auf einmal hin und her und beißt zu. Ich will nicht bei diesem Mädchen und seinem Vater leben, da draußen am Meer, so viele Meilen von hier entfernt. Ich will nicht weg aus unserer kleinen Wohnung, mein kleines Zimmer verlassen, das genau richtig ist für mich, und auch nicht meine stille Schule, wo alle mich in Ruhe lassen. Ich will Mrs Adams nicht verlassen, und ich will nicht wieder ganz von vorne anfangen. Ich will mir nicht noch einmal Sorgen machen müssen darüber, was ein anderer in meinen eigenen vier Wänden tun mag. Ich will nicht. Ich will nicht. Ich will nicht. Das wiederhole ich in meinem Kopf, wieder und wieder und wieder, und ich hoffe, sie hört es.

Doch als ich aufblicke, sehe ich ihr rosiges Gesicht. So sieht sie schon seit einer ganzen Weile aus. Glücklich.

Also schlucke ich die Worte herunter, bevor sie Blasen bilden und herausprudeln, und ich nicke und sage *Okay*. Und dann zerknülle ich das Blatt Papier, das *mein* Glück will, und lasse es zu Asche werden.

ZOFIA

Es gibt einen Grund, warum auf einmal alles so schnell gehen muss. Einen Grund, weswegen wir uns mit der Geschwindigkeit eines Wirbelwinds auf das schlimmste aller denkbaren Ereignisse zubewegen. Einen Grund, weswegen wir uns demnächst alle zusammen in dieses kleine Häuschen, das bisher nur für Dad und mich war, hineinquetschen müssen.

Fiona bekommt ein Baby.

Ich bin mehr als ein Sturm, und ich bin mehr als ein Orkan. Ich bin ein Mädchen, das aus nichts als zusammengeballter Wut besteht, und ich habe Blitze in mir. Sie beißen in meine Knochen und brennen in meinem Blut.

Sobald Dads Worte den Boden zwischen uns gesprengt haben, renne ich zur Tür hinaus. Pablo saust hinterher, er glaubt, wir spielen. Ich renne zum Strand und muss nicht einmal daran denken, die Schuhe auszuziehen, ich habe nämlich gar keine an. Steinchen und Sand bohren sich in meine Füße. Ich tauche kopfüber in das dunkle Wasser und fühle, wie ein langer Strom aus Blasen mir aus Nase und Mund sprudelt, fühle die eisigen, messerscharfen Wellen und fühle beides nicht, so wenig wie das Brennen meiner schmirgelpapierrauen, wunden Fußsohlen beim Kontakt mit dem Meersalz. Ich schwimme und schwimme gegen die Winterwellen an, bis ich überhaupt nichts mehr fühle.

TOM

Mum packt Sachen in Umzugskartons. Als wir das erste Mal wegmussten, war keine Zeit für Kartons und Klebeband und Umzugswagen. Beim zweiten Mal hatten wir schwarze Müllsäcke, zwanzig Minuten Zeit und klopfende Herzen.

Jetzt wickelt sie alle Gegenstände sorgfältig in Papier und betrachtet noch einmal Teller und Tassen und Bilder. *Sollen wir das behalten oder an die Caritas geben? Den Krug hier habe ich nie gemocht, deine Großtante Margaret hat ihn mir geschenkt, aber ich glaube, so langsam dürfen sich unsere Wege auch wieder trennen, ich meine, die Tante ist vor sechs Jahren gestorben. Und sieh mal diese Vase! Jo wäre wahrscheinlich hin und weg; ich werde sie ihr morgen in der Klinik geben, als eine Art Abschiedsgeschenk!*

Ich helfe ihr beim Aussuchen. Es kommt mir vor, als würde alles rasend schnell gehen, als würde ich im Kreis herumgewirbelt und die Welt vor meinen Augen völlig verschwimmen. Selbst wenn wir jetzt mehr Zeit haben als je zuvor. Selbst wenn unser Plan nicht geheim ist, wir nicht flüstern müssen und es nicht Mitternacht ist. Selbst wenn jetzt schon drei Monate vergangen sind seit der Nachricht, die alles verändert und auf den Kopf gestellt hat. Mum hatte Zeit, ihre Stelle im Krankenhaus zu übergeben, ich hatte genug Zeit, mein Trimester in der Schule zu beenden, und jetzt bleibt noch Zeit, in aller Ruhe zu packen.

Gleichzeitig fühlt es sich so an, als müssten wir uns beeilen, denn jeder Tag wird gemessen an diesem völlig neuen Menschen, der in ihr wächst. Mein Bruder oder meine Schwester.

Es ist immer noch seltsam, unser ganzes Leben so vor uns ausgebreitet zu sehen. Alles ist behelfsmäßig und zusammengeflickt. Wir mussten so viel zurücklassen und dafür Neues anschaffen, weswegen nichts so richtig zusammenpasst. Aber wir passten zusammen, und deswegen fühlt es sich so komisch an und macht auch Angst, denn jetzt müssen zweieinhalb neue Menschen von heute auf morgen woanders eingepasst werden, und ich bin mir nicht sicher, ob der Platz reicht.

ZOFIA

Ich bin dabei, mir eine Festung aus Umzugskisten zu bauen. Sie soll drei oder vier oder sogar fünf Stockwerke hoch werden und sechs Zimmer haben, dazu ein Schwimmbecken, ein Hockeyfeld, Reitställe und Zinnen, die bis an den Himmel reichen, sodass ich von da oben freie Sicht auf mögliche Eindringlinge habe, auch wenn das vermutlich nur Dad oder die Katze oder der Hund sind, trotzdem, es ist immer gut, den Überblick zu haben. Von da oben kann ich Pfeile mit meinem Bogen abschießen, und sie treffen genau mein Ziel. Eindringlinge werden nicht zugelassen, außer vielleicht Pablo, allerdings würde der vielleicht die Kartons zerkauen. Einmal hat er sich über eine Schachtel Hundekuchen hergemacht, einen nach dem anderen gefressen, sechzehn Stück, und sich dann mitten auf dem Teppich heftig übergeben. Ich fand das zum Schreien lustig, aber Dad war überhaupt nicht amüsiert, schließlich durfte er alles wieder sauber machen.

Ich baue mir trotzdem meine Festung, schaffe aber nur ein Stockwerk, dafür eins mit richtig hohen Mauern. Es hat sich nämlich gezeigt, dass Böden aus zusammengefalteten Kartons nicht einmal das Gewicht einer durchschnittlich schweren Katze tragen können. Frida ist wütend zischend abgehauen, aber immerhin ist sie auf den Pfoten gelandet, und außerdem war es ihre eigene Entscheidung, mal zu testen, ob mein Bauwerk stabil genug ist, also kann sie mir ja wohl keine Vorwürfe machen.

Hier stehen bestimmt tausend braune Umzugskisten herum, dabei sind gar nicht wir diejenigen, die umziehen. Wenn doch, dann würde ich mir im Garten eine Festung bauen, und Dad könnte allein irgendwo hinziehen. Vielleicht würden mich die neuen Bewohner adoptieren, und vielleicht würden sie nicht mitsamt schwangerer Freundin und deren durchgeknallten Sohn einziehen. Dann wären alle meine Probleme gelöst. Bei der Gelegenheit könnte ich auch gleich nach einer Taschengelderhöhung fragen und vielleicht auch mal wegen der Tarantel nachhaken, meinem hoffentlich nächsten Haustier. Ein Männchen, das ich Derek nennen würde.

Diese Kisten hier sind für all den *Schrott*. So würde Dad es vielleicht nennen, für mich sind es Schätze. Kann schon sein, dass wir nie mehr auf den verschlissenen dreibeinigen Stühlen sitzen und auch die alten Lampen mit den kaputten Kabeln nie mehr benutzen werden, genauso wenig wie die Mickymausöhrchen, die ich mit fünf Jahren von Dad bekommen habe, im Disneyland Paris. Aber es sind nun mal unsere Sachen, und deswegen sollten wir sie behalten. Ich habe die Öhrchen sogar anprobiert, als ich sie fand, obwohl sie sich wie Adlerkrallen in meinen Schädel bohrten. Ich bin der Mausekönig vom Schloss. Bloß gut, dass Frida sich aus dem Staub gemacht hat.

Zwei ganze Zimmer räumen wir leer. Das eine ist das, was Dad sein *Arbeitszimmer* nennt oder auch *Stauraum*, je nachdem, wie viel er in der Woche gearbeitet hat. Das Zimmer hätte wahrscheinlich genau die richtige Größe für eine echte Maus. Wenn Dad darin am Schreibtisch sitzt, sieht er aus wie ein Mensch, den man falsch zusammengefaltet hat. Er ist sehr groß und sieht aus, als wäre er ursprünglich in normaler Größe geplant gewesen, doch dann hätte jemand an ihm gezogen, an der Haut und am Skelett, bis er immer länger wurde. Er stößt an sämtliche Türrahmen, und inzwischen zieht er selbst dann den Kopf ein, wenn über ihm gar nichts mehr kommt. Mich nennt er oft *Kleines*, dabei bin ich die Größte in unserer Klasse (Jungs mitgerechnet), auch wenn Mo dabei ist, mich einzuholen.

Das zweite ist unser Reservezimmer. Soweit ich weiß, ist das ein Raum für Dinge, die alles andere sind als Schrott und die man eventuell noch mal brauchen könnte. Eigentlich sollte ich hier Sachen in Kartons packen, stattdessen baue ich mir eine Festung und bin dabei, mir mein eigenes winziges Imperium zu schaffen. Ich stoße mit dem großen Zeh an einen Stapel, der sofort anfängt zu kippeln und zu wanken. *So sterbe ich also* denke ich *erschlagen von den kompletten Jahrgängen des* British Medical Journal *ab 1986*.

Ich bin schon dabei, meine letzten Worte vorzubereiten, doch der Stapel fängt sich wieder, und so mache ich mich an den nächsten Haufen. Das meiste ist tatsächlich ein bisschen schrottig, aber immer wieder finde ich auch etwas, was ich mal geliebt habe, zum Beispiel meine alte gelbe Plastikteekanne oder meine Zinnsoldaten. Die Soldaten stelle ich rings um die Festung herum auf, die Teekanne nehme ich mit hinein. Mit einer Kanne in der Hand zu kriechen ist gar nicht so einfach, vielleicht hätte ich das Tor etwas größer machen sollen, doch genau in dem Moment geht die echte Zimmertür auf, und Dad kommt herein. Ich liege halb in der Festung, halb davor, eine leuchtend gelbe Teekanne an mich gedrückt, mit Mausohren auf dem Kopf, die mal für eine Fünfjährige gepasst hatten, und umstellt von einer Armee aus Zinnsoldaten. Von einer Festung aus Umzugskartons abgesehen, ist das meiste in dem Raum noch so, wie es war, als Dad ihn zuletzt verlassen hat.

Dad füllt die Luft mit Worten, und ich stelle mir vor, wie ich sie mit den Händen zerreiße und zwischen den Fingerspitzen zu Staub zermahle.

Zuerst sendet er schwere Worte aus, Worte aus grauem Granit, Worte wie Katastrophe und wütend, darauf folgen Worte, die schon ein bisschen weniger schwer wiegen, Worte wie *lächerlich* und *absurd*, und dann kommen welche, die leicht sind wie die Luft, Worte wie *wild* und *unbändig*. Die mag ich am liebsten. Wenn er da angekommen ist, weiß ich, dass er die Wut abgearbeitet hat und gleich in Lachen ausbricht. Wenn er lacht, kann man aufhören, seine Worte auf die Waage zu legen und an Wörterstaub zu denken. Dann kann ich zu ihm hinüberkriechen, ihm die verschiedenen Gemächer meiner Festung zeigen und den Platz, der für das Schwimmbecken vorgesehen ist.

TOM

Ich verabschiede mich von Mrs Adams und bin überrascht: Sie weint. Ich fühle mich merkwürdig dabei, und so falte ich eine Blume aus einer Papierserviette und schenke sie ihr. Erst weint sie nur noch mehr, aber dann lacht sie und sagt *Als Taschentuch kann ich sie jetzt nicht mehr benutzen, dafür ist sie viel zu schön.* Ich sage, ich kann ihr noch viel mehr Blumen falten, wenn sie möchte, und sie sagt, ich sei ein guter Junge und ein mutiger Junge. Was sie als Letztes gesagt hat, zeigt nur wieder, wie freundlich sie ist, denn von all dem Vielen, was ich nie sein werde, steht *mutig* ganz oben auf der Liste. Auf Platz 1. Mit einem Kringel darum und unterstrichen. Sie hält die Blume in ihren Händen mit der Papierhaut und sagt *Hast du gewusst, dass die Japaner glauben, wenn man tausend Kraniche aus Papier gefaltet hat, dass man dann einen Wunsch frei hat, ist das nicht schön?* Das ist es wirklich. Sie schenkt mir eine blaue Pudelmütze, die sie für mich gestrickt hat, und eine gelbe Pudelmütze, die sie für das Baby gestrickt hat, damit wir auch zueinanderpassen, und dann schenkt sie mir noch einen Fünf-Pfund-Schein aus ihrem Portemonnaie. Ich versuche, ihr das Geld zurückzugeben, doch sie drückt es mir in die Hand, faltet meine Finger darüber und sagt *Pass gut auf deine Mum auf, Tom.*

Später schaue ich mir die gelbe Mütze genauer an. Reihe um Reihe feiner, gleichmäßiger Maschen in einem feinen, gleichmäßigen Muster. Die Mütze ist so unfassbar klein in meinen Händen, ich kann mir überhaupt nicht vorstellen, dass es einen Kopf geben soll, der winzig genug für diese Mütze ist. Irgendetwas zerrt innerlich an mir, etwas flackert und lodert auf in mir, heller und lauter als die Panikflämmchen, die in meinen Knochen leben. Ich lege die Wollmütze in die Schachtel mit meinen Origamifiguren.

In dieser Nacht bringe ich mir bei, Kraniche zu falten. Als mir sieben dieser Vögel mit ihren langen Hälsen und scharfkantigen Flügeln gelungen sind, lege ich sie in einen leeren Umzugskarton.

Ich fange an, mir Wünsche vorzustellen. Ich fange an mir vorzustellen, sie könnten wahr werden.

ZOFIA

Ich darf eine Pause einlegen beim Burgenbauen – oder beim *Packen*, wie Dad es nennen würde –, um Tee zu trinken und ein paar Scheiben Toast zu essen. Ich bereite alles vor, lasse auch nur zwei Scheiben Brot fallen und verschütte einen kleinen Schluck Milch, aber beides ist so gut wie nicht passiert, denn Pablo lässt alles in Sekundenschnelle verschwinden. Als ich mit dem Tablett an den Küchentisch komme, strahlt Dad mich an und sagt, ich sei ihm eine große Hilfe.

Dad trinkt seinen Tee schwarz mit Zucker und Zitrone. Ich hab das nur ein einziges Mal probiert, so eklig war das. Als hätte mir jemand einen Teebeutel hinten in den Hals gestopft und dann freundlicherweise noch einen Spritzer von irgendetwas Saurem dazugegeben, bis mir die Augen überliefen. Wie warm und süß das war, habe ich gar nicht gemerkt, weil ich so mit Husten und Würgen beschäftigt war und mir außerdem die ganze Zeit anhören musste, ich hätte kein Benehmen. Ich selbst trinke meinen Tee mit Milch, genau wie Mum früher, aber ich benutze dafür, genau wie Dad, ein Teeglas mit separat angebrachten Metallgriffen. So verbrennt man sich nicht die Fingerkuppen, was dazu führen würde, dass man keinen Fingerabdruck mehr machen kann. Aus solchen Gläsern trinkt man in Polen Tee. Engländer bevorzugen Porzellanbecher mit Motiv, zum Beispiel Kätzchen oder Blumen, aber gerne auch mit Kraftausdrücken. Da ich halb Polin und halb Engländerin bin, sollte ich vielleicht mit Spezialstift irgendwas Freches auf mein Teeglas schreiben, neben eine Zeichnung von Frida. Dad sagt, man soll nie aus etwas trinken, das nicht völlig durchsichtig ist, und dann tut er so, als wäre er vergiftet worden. Was ja schon ziemlich merkwürdig ist, wenn man sich erinnert, was los war, als er mich gezwungen hat, seinen Tee zu probieren. Und überhaupt, wenn einer ernsthaft vorhat, einen anderen zu vergiften, da sollte man doch meinen, er macht sich die Mühe, das Gift so unterzumischen, dass man nichts davon sieht.

Dad schlürft seinen Tee und lässt auch das neue Exemplar vom *British Medical Journal* ungeöffnet liegen. Vermutlich kommt es später auf den großen Haufen und wird daran schuld sein, dass der nun endgültig umfällt und die Katze zerquetscht. Dabei hat sich die arme Frida nicht einmal von ihrem Sturz richtig erholt. Ich gebe Pablo Bröckchen von meinem Toast, und er leckt die ganze Nusscreme ab, lässt aber die Brotstücke auf dem Flur verteilt liegen. Wirklich ein höchst merkwürdiger Hund.

Dieser Tisch wird uns bald sehr klein vorkommen sagt Dad, und ich schaue schuldbewusst hoch, weil Hunde vom Esstisch füttern ja so ziemlich ganz oben auf der Liste von all dem steht, was man laut dem Trainer von der Hundeschule *Hundeglück* absolut nicht machen darf, schon gar nicht, nachdem Pablo erst die Fernbedienung gefressen hat und dann noch das meiste vom Sofa. Ich gebe ein Geräusch von mir, das an grunzende Schweine erinnert, und Dad verdreht die Augen und macht einen neuen Versuch. *Vielleicht sollten wir uns einen größeren Tisch zulegen?* Ich grunze wieder. Ich mag unseren Tisch. Mum und Dad haben ihn selbst gebaut, aus aneinandergeleimten Holzdielen, zu einer Zeit, als sie weder Geld noch mich hatten. Irgendwie waren sie an dieses Holz gekommen. Mit vier Jahren habe ich meinen Namen darauf geschrieben, ganz sorgfältig, so wie ich damals das Z geschrieben habe, nämlich spiegelverkehrt, wie ein gezacktes Σ. Das gefällt mir immer noch, auch wenn ich andauernd erklären muss, wie ich heiße *Nämlich Zofia, mit Z. Nein, nicht Sofia. Ja, ausgesprochen wie Sofia. Aber mit Z.* Und so weiter und so weiter bis in alle Ewigkeit und noch länger.

Wir könnten morgen zu IKEA fahren sagt er, und ich horche auf, denn bei IKEA gibt es nicht nur Köttbullar, sondern auch diese kleinen Bleistifte, mit denen ich mich immer wie eine Riesin fühle, doch dann sagt Dad *Vielleicht möchten Fiona und Tom ja auch mit* und ich muss mich bremsen, damit ich nicht laut aufstöhne. Aber dann fällt Dad etwas ein, und er blättert in seinem abgenutzten schwarzen Kalender und sieht, dass er für den nächsten Tag schon Termine hat. Ich grunze ein drittes Mal und gebe Pablo die Reste von meinem Toast. Die klebrigen Spuren vom Aufstrich am Boden lasse ich da, soll Dad ruhig reintreten, wenn er gleich aufsteht. Ich habe keine Lust mehr, ihm zu helfen.

TOM

Heute ist mein letzter Tag an meiner alten Schule.
Diesmal ist es anders als sonst. Mum sagt das ständig. *Es ist nicht wie die anderen Male, Tom, diesmal ist es eine Veränderung zum Guten, wir werden es so viel besser haben. Denk doch nur an die gute Seeluft! Du kannst schwimmen gehen.* Ihre Stimme wird immer leiser und versiegt ganz, denn jetzt fällt es Mum wieder ein, sie weiß ja, dass ich auf keinen Fall irgendwo schwimmen möchte, wo es Gezeiten gibt und Springfluten. Quallen und Haie und Seegras, das sich dir um die Beine wickelt und dich in die Tiefe zieht, und immer dieses Salzwasser, das in den Augen brennt und auf der Haut und in der Lunge, wenn du zu atmen versuchst, aber kein Himmel mehr über dir ist.

In der Schule haben alle eine Karte für mich unterschrieben, sogar George, der mich erst letzte Woche *feiges Huhn* genannt und dazu laut gegackert hat, als ich nicht vom Reck springen wollte und Mr Mackie mir runterhelfen musste. Keiner hat mehr geschrieben als seinen Namen, bis auf hier und da ein *Bis bald,* was ja sowieso nicht ehrlich gemeint ist. So etwas schreibt man einfach, wenn einem sonst nichts einfällt. Keinen kümmert es wirklich, dass ich weggehe, ich sage ja auch nicht viel im Unterricht und spiele nicht mit in den Pausen, außerdem bin ich erst seit der fünften Klasse hier, während die anderen sich alle schon aus dem Kindergarten kennen. Ich bin der Sonderling. Einmal habe ich Connor gefragt, ob er weiß, wie man einen Regenbogen aus Licht macht oder wie man Papier zurückverwandelt in einen Baum, da hat er allen erzählt, ich sei gestört. Danach wollte eigentlich keiner mehr mit mir reden.

Ich sitze still am Rand und hinterlasse keine Lücke, wenn ich gehe.

Als es zum Ende der letzten Stunde läutet, hole ich meine Jacke und meinen Rucksack und gehe hinaus in das wässrige Frühlingslicht, ohne noch einmal zurückzuschauen.

Ich glaube nicht, dass es mir viel ausmacht.

Ich bin es gewohnt, umzuziehen.

Aber dieses Mal wird es anders sein. So wie Mum sagt. Wir sind nicht mehr nur wir beide.

ZOFIA

Ich gehe ohne Dommo zum Strand, weil ich unbedingt mehr trainieren muss. Ich ziehe meinen Neoprenanzug an, und es ist ein endloses Gefummel, bis ich die lange Schnur zu fassen kriege und den Reißverschluss auf der Rückseite bis ganz nach oben zuziehen kann. Dafür muss ich mich praktisch einmal komplett umstülpen. Als ich wasserdicht verpackt bin, wate ich in die Wellen. Pablo bellt in meinem Rücken, kommt aber nicht mit. Er ist zwar ziemlich dumm, aber so dumm auch wieder nicht.

Das Meer ist eisig kalt, und sofort verfärbt sich die dünne Haut an meinen Handgelenken violett. Interessant. Meine vom Wasser sauber geschrubbten Füße hingegen sehen im Licht des Meeres gruselig grün aus. Ich schließe die Augen, renne los und stürze mich in die Wellen. Es knallt so laut, als wäre ein Schuss gefallen.

Doch statt dass sich mit einem Schlag die ganze Welt ändert, statt dass sie still wird und vollkommen und weit, weit weg, merke ich, dass irgendetwas nicht stimmt. Es ist ganz anders als beim Dunk, auch anders als in der Badewanne und anders als die ersten Male, als wir geschwommen sind zwischen heranrollenden Wellen mit weißen Schaumkrönchen, als ich mich wie brandneu und einfach fantastisch gefühlt habe.

Anstelle der gewellten Unterwelt mit ihren grünen Rändern sehe ich die ganze Zeit nur Dad und Fiona und Tom, zusammen mit einem neugeborenen Baby. Die drei lachen, und Dad wuschelt Tom durchs Haar. Ich komme in dem Bild gar nicht vor. Das Gefühl, frisch und neu und weit weg von allem zu sein, verblasst immer mehr, stattdessen brennt meine Haut wie nach dem Kontakt mit einer Qualle, und meine Lunge ist wie aus Stein. Ich sauge Luft ein wie durch einen Strohhalm. Ich trete Wasser und drehe mich um und pflüge durchs Meer, so lange bis meine Muskeln schreien, aber ich mache immer noch weiter, bis das Geschrei so laut wird, dass ich es nicht mehr ignorieren kann. Mein Herz will meinen Brustkorb verlassen, meine Augen sehen Sterne, schwarze Quallen scheinen quer über den Himmel zu springen. Irgendetwas passiert mit mir, und ich kann es nicht stoppen, ich werfe mich auf den Rücken und zähle Wolken und versuche zu atmen. Als ich bei zwanzig Wolken angekommen bin, hat mein Herz seine Bitte um Freilassung eingestellt, und meine Lunge ist nicht steif gefroren.

Ich trete Wasser und starre zum Fidschi hinüber. Ist es möglich, dass ein Fels sich von der Stelle rührt? Bewegt er sich? Es kommt mir so vor, als wäre er weiter weg als zuvor, dabei liegt das Ufer weit hinter mir. Ich möchte zum Felsen schwimmen, aber ich bin ja nicht blöd, ich weiß, wenn ich noch müder werde als jetzt schon und immer noch auf dem Weg nach dort draußen bin, dann werde ich vermutlich ertrinken. Also schwimme ich ganz langsam zurück zum Ufer und zu Pablo, der sich inzwischen mit einer Möwe anzufreunden versucht. Ich habe allerdings nicht den Eindruck, dass die Möwe besonders interessiert ist.

Tropfnass laufe ich zurück zum Haus, schüttele mich im Vorgarten wie ein Hund, damit Dad nicht allzu viel zu meckern hat, weil der Boden im Haus nass wird. Dann lasse ich mir ein Bad ein, so heiß, dass alle Fenster beschlagen und ich selbst von Kopf bis Fuß leuchtend rosa anlaufe.

Anschließend gehe ich in unser Reservezimmer, das inzwischen vollständig leer geräumt ist bis auf ein Einzelbett, das gestern geliefert wurde. Das große Fenster mit Blick zum Meer ist gekippt, damit der Wind die abgestandene Luft hinausträgt. Sofort füllt sich das Zimmer mit dem Geruch von Salz und Seegras. Ich verstehe nicht, was gerade mit mir passiert ist, ich bin doch eine gute Schwimmerin. Ich setze mich mitten im Zimmer im Bademantel auf den Boden, und Frida klettert auf meinen Schoß.

TOM

Die Wohnung ist leer. Man sieht noch die dunklen Ränder, wo unsere Möbel dicht an die weißen Wände gerückt waren. Ein Geistersofa, darüber eine gräuliche Galerie vergangener Bilder. Alles, was wir besaßen, haben wir entweder verschenkt oder im Internet verkauft, der Rest wurde heute Morgen von einem riesigen Mann namens Nev und seinen zwei schweigsamen Söhnen in einen großen Möbelwagen geladen.

Als Allerletztes kamen meine Spezialsachen an die Reihe. Mum wollte eigentlich, dass am letzten Abend alles fertig ist, damit es schnell geht, wenn Nev am Morgen kommt, aber eine ganze Nacht ohne sie hätte ich nicht durchgestanden. Also falte ich einen Kranich nach dem anderen, bis das erste Morgenlicht vorsichtig die Finger zwischen meinen Vorhängen hindurchstreckt.

Ich habe meine Sachen alle selbst eingepackt. Manche sehen vielleicht nicht sehr wichtig aus, aber für mich sind sie es. Meine Papierstadt zum Beispiel. Ganze Vogelschwärme und Füchse mit breiten Schnauzen, alle in Origamitechnik gefaltet. Ein Vogelhäuschen, das ich aus winzigen, aneinandergeleimten Holzstückchen gebastelt habe. Eine sehr alte Uhr mit Zahnrädern, die aussehen, als wäre im Inneren alles verrutscht. Doch in Wirklichkeit ist jedes Teil an genau der richtigen Stelle, und alles arbeitet perfekt zusammen. Oder doch beinahe perfekt. Ich muss nur noch lernen, wie man es hinkriegt, dass die Uhr auch tickt.

Meine Taschenlampe stecke ich ein.

Mum saugt noch Staub, obwohl ich nicht sicher bin, ob das wirklich gut ist für das Baby. Sie sagt, das sei kein Problem, trotzdem übernehme ich, und mein Kopf füllt sich mit dem Heulen des Staubsaugers. Ein ums andere Mal schiebe ich ihn über den mit der Zeit grau gewordenen Teppichboden, bis der Filterbeutel zu platzen droht. Ich leere ihn aus, wasche mir die Hände und sehe mich noch einmal um. Heute sind wir zum letzten Mal ganz für uns. Noch nie habe ich meine Sachen so entspannt zusammengepackt. Noch nie eine Wohnung so leer zurückgelassen.

Beim letzten Mal habe ich es nicht einmal geschafft, meine Taschenlampe mitzunehmen.

ZOFIA

Unser letzter Abend zu zweit. Ich kann es einfach nicht glauben und stelle mir die ganze Zeit vor, wie es wäre, wenn die beiden plötzlich beschließen sollten, doch nicht herzuziehen, oder wenn sich alles nur als ein schrecklicher Albtraum herausstellt, ausgelöst durch zu viel Käse vor dem Schlafengehen. Aber meine Liebe zu Milchprodukten beschränkt sich weitgehend auf Milchshakes und Oreos, und wenn ich mich kneife, tut es richtig weh.

Dad macht mir Bohnen auf Toast mit extra scharfer Soße, genau wie ich es mag, und dann lässt er mich sogar einen Milchshake trinken, obwohl die eigentlich für Wochenenden reserviert sind. Wir machen es uns auf dem Sofa gemütlich mit meinem liebsten japanischen Zeichentrickfilm, und Dad verkneift sich ausnahmsweise jeden Kommentar dazu, wie merkwürdig er diese Filme findet. Auf einmal fühlt es sich so an, als landete gerade etwas Scharfes in meinem Bauch, und das ist eindeutig nicht die Chilisoße. Einen Abend wie diesen werden wir nie wieder haben.

TOM

Am nächsten Tag brechen wir auf, mit Mums altem blauen Auto. Sobald sie etwas schneller fährt, klappert es überall. Ich kralle mich seitlich an meinem Sitz fest, sodass meine Knöchel sich weiß unter der Haut abzeichnen. Trotzdem bin ich froh, dass wir nicht mit Nev zusammen im großen Möbelwagen fahren. Ich habe seine Hände gesehen, als er unsere Kisten weggetragen hat, so groß und zornig.

Bevor es losging, habe ich mich noch von der Wohnung verabschiedet. Ich bin von einem leeren Zimmer zum anderen gegangen, und es war ganz anders, als wenn wir sonst irgendwo weggingen: kein panisch geflüstertes *Schnell, schnell*, kein Aufbruch bei Vollmond, auf Zehenspitzen und mit nur einer Tasche für jeden.

Die Straßen, durch die wir fahren, sind grüner als bei uns und voller Leben. Die Welt zeigt ihre wilde Seite, und die Stadt fühlt sich klein und weit weg an. *Ich* fühle mich klein und weit weg.

Die Schachtel mit meinen Spezialsachen liegt festgeschnallt auf der Rückbank. Ich habe Nev nicht erlaubt, sie anzufassen. Er hat die Augen verdreht, genau wie Dad früher, und stattdessen einen Karton mit Geschirr eingeladen. Gesagt hat er nichts, aber ich habe gespürt, dass es ihm nicht passte. Auch wenn er kein Wort gesagt hat, habe ich doch gesehen, wie seine Stimmung sich wie ein Nebel, wie eine dunkle Wolke über uns senkte und uns wütend umkreiste.

Mum meinte zwar, ich müsse mir um meine Spezialsachen keine Sorgen machen, aber was, wenn Nev eine Vollbremsung macht oder rasant um eine Ecke biegt oder in einen Abgrund stürzt?

ZOFIA

Nach der Schule gehen wir noch an den Strand, und ich würde am liebsten für immer bleiben, doch alle haben schon irgendwelche anderen Pläne, und als sich nach einer halben Stunde das Licht verabschiedet, gehen auch die meisten aus meiner Klasse. Nur Dommo und ich bleiben noch sitzen, teilen uns ihre Oreos, spielen Ball mit Pablo und versuchen, den Nachmittag bis in den Abend hinein auszudehnen, vielleicht sogar bis in die Nacht, doch auf einmal schaut Dommo auf ihre Taucheruhr und sagt, sie müsse langsam mal nach Hause. *Nein* brülle ich *jetzt gehen wir schwimmen* und renne auch gleich los, renne mit Schuhen ins Wasser, und Pablo jagt mir hinterher, bekommt natürlich kalte Pfoten und bellt aufgeregt, bis Dommo die Arme hochwirft und zurückschreit, ich sei ja wohl nicht ganz bei Trost, trotzdem kommt sie jetzt ebenfalls angerannt, und wir laufen noch eine Weile durchs seichte Wasser und singen dem Himmel alberne Lieder vor.

Dommo sieht es, bevor ich es sehe, denn ich bin damit beschäftigt, Pablo beizubringen, dass er keinen Schotter fressen soll. Sie bleibt vor ihrer Haustür stehen und ruft herüber *Heute schon? Du hast mir gar nichts davon gesagt* und ich blicke auf. Dommo starrt auf den großen Möbelwagen vor unserem Haus. Ich richte mich zu schnell auf, das Blut sackt aus meinem Kopf, ich sehe Sterne mit spitzen Zacken, die vor diesem riesigen weißen Metallklotz herumtanzen, der gekommen ist, um mein Leben zu ruinieren.

Ich stapfe in die Küche – das heißt, stapfen kann man das nicht nennen, denn meine Schuhe haben sich vollgesogen mit Meerwasser. Ich wate also in die Küche und bleibe überrascht stehen. Niemand da. Ich schaue auf die große Wanduhr, die morgens vor der Schule immer viel zu schnell tickt und abends, wenn Dad später als gedacht von der Arbeit kommt, immer viel zu langsam. Aber es ist eindeutig Zeit fürs Abendessen, ich bin nicht einmal besonders spät dran, und außerdem steht doch der Möbelwagen vor der Tür.

Aber alles, was ich höre, ist Stille. Ich mag Stille nicht.

Also wate ich nach oben und mache mich schon auf der Treppe bemerkbar, damit Dad schnell den Kopf zur Tür seines Arbeitszimmers herausstreckt, aber da fällt mir wieder ein, es ist ja nicht mehr sein Arbeitszimmer. Doch er schaut tatsächlich heraus, und sein Kopf ist gesprenkelt mit gelben Flecken. Einen Augenblick lang fürchte ich, dass er sich im Krankenhaus irgendeine schreckliche Krankheit eingefangen hat, von einem seiner Patienten. Aber als ich näher herankomme, sehe ich, dass nicht nur Dad gelb ist. Das ganze Zimmerchen hat er frisch gestrichen, in einem hell leuchtenden Sonnengelb, das einem regelrecht entgegenspringt, und er grinst mich an, als hätte er die Farbe selbst erfunden.

Großartig, nicht wahr? So eine fröhliche Farbe!

Ich nicke langsam, denn auf einmal bekomme ich Angst, vielleicht erblinde ich allen Ernstes auf beiden Augen. Dieses Gelb ist wirklich sehr sehr sehr grell.

Ich bin sicher, dem Baby wird es gefallen sagt Dad glücklich, und im selben Moment verschwinden aus allem um mich herum die Farben.

TOM

Nev ist schon da, als wir ankommen, mit seinen Söhnen wartet er ungeduldig im Möbelwagen auf uns. Jetzt schimpft er vor sich hin über Leute, die sich nirgends auskennen und unnötige Umwege fahren, und die dunkle Wolke, die ihn umgibt, wird immer noch dunkler, doch Mum bedankt sich freundlich lächelnd fürs Warten, und schon treibt die Wolke mit dem Wind davon.

Auch ich atme tief aus.

Nev und seine Söhne öffnen die großen Türen ihres Wagens, und zugleich geht die Haustür auf, und Marek kommt heraus mit weit ausgebreiteten Armen. Er zieht Mum an sich, und einen Moment lang gibt es nur die beiden, im hellen Licht der Veranda.

Marek streckt eine Hand aus, um mir durchs Haar zu wuscheln, und mein Kopf ruckt so schnell zurück, dass ich regelrecht den Luftzug an meinen Ohren spüre. Die Luft hängt jetzt leer zwischen uns, und ich spüre, wie die ersten Panikbläschen in mir aufsteigen.

Marek steckt beide Hände in die Taschen und sagt *Es ist so schön, dich hier zu haben, Tom, auf diesen Tag habe ich mich schon lange gefreut. Würdest du gern dein Zimmer sehen?* Er spricht leise, aber trotzdem schaue ich Mum an, und sie nickt und sagt, sie kommt gleich nach, sie muss nur erst Nev zeigen, wo unsere Sachen hinsollen, aber ich gehe nicht mit Marek. Ich warte, bis sie Nev alles erklärt hat, dann gehen wir zusammen hoch.

ZOFIA

Es klopft an meiner Tür, ganz federleicht, und Dad sagt *Zofia, kommst du bitte Guten Tag sagen* aber ich will nicht. Ich komme hier erst wieder raus, wenn sie endlich begriffen haben, dass alles ein furchtbarer Irrtum war, und Dad und ich und Frida und Pablo wieder ganz für uns sind.

Oder bis ich wirklich umkomme vor Hunger.

TOM

Mum und Marek zeigen mir zusammen mein neues Zimmer. Die blassgrau gestrichenen Wände sind schief und krumm. Dieses Haus ist nämlich schon richtig alt. Der Wind vom Meer hat ihm seine jetzige Form verpasst. Das Zimmer hat einen Holzboden, und ich sehe auf den ersten Blick die Lücken zwischen den Dielen, wo das Dunkle sich verstecken kann.

Das Zimmer hat ein großes Fenster zum Meer hinaus. Marek findet das toll und betont es immer wieder, aber ich will gar nicht hinsehen, und wenn ich es doch tue, wird mir schwindelig. So wie die Wellen vorwärtsrollen und wieder zurück und manchmal auch ein Stück in Richtung Himmel, fühlt man sich wie auf einem Schiff. Obwohl ich an Land bin, fühle ich mich seekrank, aber so ganz weggucken kann ich auch nicht. Das helle Licht der Sonne malt Blüten auf das Wasser.

Marek zeigt zur Decke hoch, und Mum kneift mich sanft, damit ich auch hochschaue, und jetzt sehe ich jede Menge Kunststoffsterne in Form von Wirbeln und Galaxien. Alle glänzen blassgrün, selbst im Tageslicht, aber ich weiß, wenn die Nacht hereinbricht, werden sie heller leuchten. Marek lächelt mich an, sagt, dass er sie heute erst angebracht hat, weil er dachte, sie könnten mir gefallen.

Sie gefallen mir wirklich, und ich weiß nicht, was ich sagen soll, es war ja echt nett gemeint.

Aber ich weiß auch, dass Freundlichkeit ganz plötzlich umschlagen kann.

Dad hat mir einmal Eisenbahnschienen rings um unser Wohnzimmer herum gebaut.

ZOFIA

Logisch, dass ich ungefähr eine Stunde nach ihrer Ankunft fast umkomme vor Hunger. Seit dem Mittagessen sind viele Stunden vergangen, und Oreos sind zwar lecker, halten aber nicht lange vor. Mein Magen knurrt, und Frida schaut mich besorgt an. Gerade fährt der Möbelwagen los, so schnell, dass kleine Steinchen gegen die Fenster prasseln, Pablo bellt, und ich bin immer noch in meinem Zimmer. Kein Mensch ist gekommen, um mich zu holen oder um nachzusehen, ob alles in Ordnung ist mit mir, um mir Snacks anzubieten oder um sich zu vergewissern, dass ich nicht vielleicht schon verhungert bin.

Ich poltere die Treppe hinunter in meinen vom Salz steifen Socken und bleibe in der Tür zur Küche stehen. Die drei sitzen an dem Tisch mit meinem umgedrehten Σ, vor ihnen stehen Teller mit dampfender Pasta. Pablo hat den Kopf auf das Knie von diesem Jungen gelegt. Verräter! Dem geht es doch nur ums Fressen. Dad dreht sich um. *Da bist du ja, Kochanie*, komm, iss was mit uns* aber da sitzen doch schon Tom und Fiona, für mich ist kein Platz mehr. Fiona hat eine Hand auf Toms Hand gelegt, die andere auf ihren Bauch, so als würde sie schon das Baby beruhigen.

Dieses blöde Baby! Es hat alles kaputtgemacht, dabei ist es noch nicht einmal auf der Welt und kommt erst in ein paar Monaten.

* Schätzchen

Gerade hieß es noch, besser weiter getrennt wohnen, dann sollte Tom nicht mitten im Trimester die Schule wechseln, und Fiona wollte noch ihren Zeitvertrag am Krankenhaus in der Stadt erfüllen. Aber dann, von heute auf morgen, hieß es, jetzt aber schnell, kommt und stürmt unser Haus, *bitte!* Trotzdem hat es dann noch Ewigkeiten gedauert, bis dieser öde Papierkram für Arbeit und Schule erledigt war, und so lange habe ich immer noch gedacht, vielleicht kommt es ja gar nicht so weit, bestimmt bleiben sie in der weit entfernten Stadt, und ich muss sie vielleicht alle paar Wochen mal sehen, wie bisher auch, und die einzige Veränderung wäre das schreiende Baby in der Ecke. Doch plötzlich stand der Umzugstag im Kalender, dann war er am Horizont, und jetzt hat er uns überrollt wie eine Welle.

Was für ein perfektes Bild sie abgeben, wie sie dasitzen – Vater und Mutter, das Baby im Bauch, ein kleiner Junge mit Hund, und über allem dieser sanfte Glanz vom Meeresleuchten. Ein Bild wie aus der Werbung, die uns angeblich Hühnerbrühe verkaufen will. In Wirklichkeit verkaufen sie uns dieses warme Familienidyll. Tom gibt Pablo eine Nudel von seinem Teller, und ich warte darauf, dass Dad Tom ermahnt, so wie er das bei mir macht, wenn ich das tue, aber er lacht nur, und das Blut kocht in meinen Adern. Tom kichert und sagt überrascht *Das kitzelt ja, ich meine, seine Zunge.* Dad hat schon vergessen, dass ich in der Tür stehe und darauf warte, dass mir jemand Platz macht. Ich sehe zu, wie die drei zusammen lachen und den Hund dazu bringen, Pfötchen zu geben für einmal hinter den Ohren kraulen und eine Nudel.

Ich schlüpfe unauffällig zur Hintertür hinaus, laufe zum Strand hinunter und schaue den rollenden Wellen zu. Wir haben Vollmond heute Nacht, und ich bin allein mit dem Rauschen des Meeres.

TOM

In der ersten Nacht schlafe ich nicht.

Ich habe alle meine Lichter hier und auch meine Taschenlampe, meine eigene Bettdecke, mein Origamipapier und die Schachtel mit den sorgfältig verpackten Spezialsachen.

Ich versuche, die Sterne über mir zu zählen, dann versuche ich, mein Gehirn leer zu machen von allen Gedanken, so als wären es Salzkörnchen in einem Streuer. Aber immer wenn ich mich fallen lassen kann und kurz davor bin einzuschlafen, macht das ungewohnte Rauschen und Krachen der Wellen, dass ich hochschrecke und wieder auftauche. Statt zu schlafen, starre ich dann wie vorher an die mit Sternen übersäte Zimmerdecke. Ich falte Papiersterne, aber sie zerknittern mir unter den Händen, denn heute Nacht hilft nicht einmal mehr Papierfalten, meine Hände zittern trotzdem. Ich falte Kranich um Kranich, weil es mir wichtiger erscheint als je zuvor, aber sie werden schief und krumm, die langen Hälse hängen traurig zur Seite, und ihre Flügel sind zerknittert oder abgerissen.

Für Mum will ich glücklich sein. Für sie will ich lieb sein und freundlich sein und mutig sein, ich will keinen Aufstand machen. Mum soll nicht wissen, dass ich am liebsten nur mit ihr leben möchte, dass ich nicht hier sein will. *Zofia hat Angst davor, Marek teilen zu müssen* sagt Mum, und fast platzt es aus mir heraus *Das geht mir mit dir doch genauso*. Andererseits kann ich mir nicht vorstellen, dass Zofia in ihrem ganzen

Leben schon einmal vor irgendetwas Angst gehabt hat. Sie will mich einfach nicht hierhaben.

Beim Gedanken daran, mit Pablo in einem Haus zu leben, war mir erst etwas mulmig zumute, er ist nämlich ziemlich groß und ungestüm, bei unserem Kennenlernen ist er gleich an mir hochgesprungen, und ich bin hintenübergefallen. Aber ich mag ihn sehr. Er ist ein Labradoodle, sagt Marek, so etwas wie eine Mischung aus Trottel und Tornado. Marek hat mir auch erzählt, dass sie in einer Hundeschule mit ihm waren, wo er lernen sollte, sich besser zu benehmen. Ich fand es jedenfalls schön, wie er mir Spaghetti aus der Hand gefressen hat, ganz sanft, und mich dann so auffordernd angeschaut hat.

Als ich morgens aufstehe – *aufwachen* trifft es ja nicht, denn ich habe keine Minute geschlafen –, wartet die nächste neue Schuluniform auf mich. Im Grunde ist es nur ein grüner Pullover, welche Hose und welche Schuhe man dazu anzieht, ist egal. Man kann sogar Hausschuhe mit in die Schule bringen und dort anziehen, was wirklich seltsam ist, aber Mum sagt, das sei doch lustig. Wir müssen nur noch Pantoffeln für mich kaufen.

Zofia sitzt am Küchentisch, auf dem ihr Name geschrieben steht, guckt finster und kickt nervös in die Luft. Pablo wartet schon darauf, dass sie ihm Toaststückchen auf den Boden wirft, aber als er mich sieht, steht er auf und kommt schnell herüber, um mich zu begrüßen. Ich kraule ihn hinter den Ohren, Zofias Miene wird noch finsterer, und als ich mich setze, steht sie auf. Ich verspüre einen kleinen Stich in mir von irgendetwas, aber ich bin froh, dass sie weg ist, und froh, dass Pablo zu mir gekommen ist.

ZOFIA

Jetzt muss ich mit diesem Hundeklauer auch noch zur Schule laufen. Er sieht nicht gerade glücklich aus, als Dad es uns mitteilt, aber er sagt nichts, sondern steht einfach auf, um sich fertig zu machen, ohne dass man ihn daran erinnern muss. Ganz der Musterknabe. *Sei freundlich, Zofia, sei tapfer* sagt Dad. *Ich weiß, es ist schwierig für dich, eine große Veränderung, Schätzchen* und ich zische wie Frida und höre einfach nicht mehr hin, schließlich bin ich immer tapfer und mutig und ich habe keine Angst und ich finde nie etwas schwierig, wovon redet der also?

Als wir über den knirschenden Kies in der Einfahrt gehen, kommt Dommo aus ihrem Haus und sagt mit einer Stimme, die wohl ein Flüstern sein soll *Ist er das?* Und Toms Ohrläppchen laufen leuchtend rosa an wie die äußeren Ränder der Jakobsmuschel. *Hallo* sagt er mit seinem Mäusestimmchen, und Dommo geht zu ihm und fängt sofort an, ihn zuzutexten; ohne Punkt und Komma erzählt sie ihm von irgendetwas, was sie auf einem Trickfilmkanal gesehen hat. Tom nickt immer wieder.

Wir laufen den Pfad entlang, der zum Strand hinunterführt. Zu beiden Seiten wachsen dunkelrote Besenheide und zartes Seegras. Das Meer färbt sich langsam blau in der Morgenluft, und ich gehe ein Stück auf den Strand. Tom bleibt mit Dommo auf dem Pfad und schaut stur geradeaus.

Hat jemand Lust auf eine Runde Schwimmen vor der Schule rufe ich ihnen über den Sand hinweg zu und bin selbst überrascht. Eigentlich will ich mein Meer gar nicht mit ihm teilen, aber die an den Strand schwappenden Wellen und der Geruch des Meeres ziehen mich wie ein Magnet unwiderstehlich an. Dommo guckt interessiert und sieht Tom fragend an, doch der schüttelt den Kopf, so wie ein panisches Vögelchen mit den Flügeln schlägt, und gleich fängt mein Blut an zu kochen, und Dampf steigt hoch. Ich stampfe zurück zu den beiden auf den Weg.

Ich mag Wasser nicht so sehr flüstert er, aber das war an Dommo gerichtet, nicht an mich, und ich denke *Du Wickelkind! Wir wären sowieso zu spät gekommen* sagt Dommo zu Tom. *Und ehrlich gesagt ist es auch ganz schön kalt heute früh.* Ich werfe ihr einen Blick zu, der den Himmel spalten könnte. Den Rest des Weges legen wir in einem Schweigen zurück, das laut zwischen uns rumort.

TOM

Unmöglich, mit ihnen schwimmen zu gehen. Das Meer schimmerte und glitzerte auch nicht wie gestern Abend im Dunkeln, heute Morgen war es total verändert und gefiel mir noch viel weniger. Kalt war es, eine stahlgraue Decke über den schwarzen, tiefsten Tiefen.

Mein Vater hätte mich gezwungen reinzugehen. Einmal, am Meer, hat er mich an der Hand gepackt und ins Wasser gezogen und gebrüllt *Ist das nicht fantastisch* aber ich fand es kein bisschen fantastisch, denn ich bin ein Angsthase und war damals genauso wenig mutig wie jetzt. Das Wasser zog mich hinunter und strömte mir in die Nase, und im allerletzten Moment hat er mich hochgezogen, und während ich Sterne vor den Augen sah und das Salz mir die Lunge zerkratzte, sagte er *Du hast doch nicht im Ernst geglaubt, ich würde dich ertrinken lassen, oder?*

Wie Luftblasen stiegen all diese Erinnerungen in meinem Kopf auf, und ich sagte Nein. Dommo reagierte nett, und Zofia sagte nichts mehr.

ZOFIA

Vor der ersten Stunde stehen alle auf dem Schulhof um die Himmel-und-Hölle-Kästchen herum und sehen zu, wie Jacob und Jude mit zusammengebundenen Beinen von einem Ende zum anderen hüpfen. *Komm mit, Tom* sagt Dommo. *Ich stell dir die anderen vor* aber das glaub ich jetzt nicht, sie weiß doch, wie ich zu Tom stehe.

Die ganze Klasse ruft uns etwas zu, es ist ein Gewirr von Stimmen und zusammengebundenen Beinen und *Hi, Dommo* und *Hi, Zofia* und dann interessieren sich alle für Tom, und Leo sagt *Jetzt sind wir sechs Jungs in der Klasse, ab jetzt gewinnen wir, gewinnen wir* und ich trete ihm kurz gegen das Schienbein, sodass er aufjault.

Tom sieht aus, als hätte man ihn aus einem anderen Universum hergeschleppt. Die Letzte, die neu in unsere Klasse kam, war Alma, aber das war schon vor drei Jahren, deswegen finden alle das jetzt superspannend und interessant. So als wären sie blind für das, was in Neonfarben vor ihnen aufblinkt.

Er hat mein Leben ruiniert, aber ich war zuerst hier.

Das hier sind meine Freunde, das hier ist meine Schule, und es ist mein Haus und mein Dad und mein Hund und mein Leben.

TOM

In meiner neuen Klasse gibt es außer mir nur noch fünf Jungen und fünf Mädchen. Es geht viel ruhiger zu als in meiner alten Schule, und das trotz Zofia. Allerdings hat sie, seit wir den Schulhof betreten haben, fast kein Wort gesagt. Es fühlt sich merkwürdig an, Zofia zu sehen, aber nicht zu hören. Normalerweise ist allein schon ihre Art zu gehen laut, und ihre Arme fangen die Luft ein wie Windmühlenflügel, sie redet so viel und drückt auch ohne Worte ganz viel aus, sie ist ein Tornado aus Tönen und Bewegung und Energie. Doch mit einem Mal ist es, als hätte jemand die Pausentaste gedrückt, und Zofia ist zum Stillsein verdonnert. Aber ich spüre ihre Wut, die sich entlädt. Als würde Zofia Pfeile abschießen und Funken versprühen, so fühlt es sich für mich an, auch wenn ihre Miene unverändert ist und auch wenn sie kein einziges Wort sagt. Dahinter spüre ich etwas anderes, und ich glaube, das sind Trauer und Verletzung. Ich würde ihr gerne etwas sagen. Die Wut, die in mir köchelt, schmilzt langsam.

Zofia wirkt verloren. Ich würde sie gerne fragen, ob alles in Ordnung ist mit ihr, und ihr sagen, dass die Situation auch für mich seltsam ist. Ich würde ihr gerne sagen, dass es nicht meine Schuld ist. Ich würde ihr gerne sagen, dass es mir trotzdem leidtut. Ich würde ihr gerne sagen, dass ich unglücklich bin. Ich würde ihr gerne sagen, dass ich traurig bin. Doch da läutet schon die Glocke, und wir werden von einer ganzen Flut von Kindern ins Gebäude geschwemmt.

Ich sitze neben einem Jungen namens Cameron, er zeigt mir, wo ich meine Jacke aufhängen und wo ich meine Schuhe hinstellen kann, sobald ich Hausschuhe habe. Cameron hat Pantoffeln mit Affenköpfen drauf, die finde ich ganz toll. Die Lehrerin, Ms Cassidy, geht gar nicht näher darauf ein, dass ich neu bin und bei Zofia wohne und fast so etwas wie ihr Stiefbruder bin. Stattdessen lächelt sie mich einfach an und sagt freundlich, sie sei während der großen Pause im Klassenzimmer, für den Fall, dass ich irgendwelche Fragen an sie hätte. Alles scheint so einfach, so unkompliziert, und für einen Moment beruhigt sich das Panikfeuerwerk, das schon so lange von meinem Gehirn auf jeden Nerv abgefeuert wird.

ZOFIA

Weil ich so still bin, ist Ms Cassidy überzeugt, dass ich krank werde, und schickt mich gleich in der ersten Stunde auf die Krankenstation. Ich setze mich in das Kabuff, das nach Heftpflaster und altem Erbrochenen stinkt, und höre einem Kindergartenkind zu, das sich die Seele aus dem Leib hustet. Ich bin kurz davor, auszuprobieren, ob es dem Knirps vielleicht besser geht, wenn ich ihn in den Papierkorb stecke, aber da kommt auch schon die Schwester, fühlt mir die Stirn und fragt, ob ich mich krank fühle. Ich schüttele heftig den Kopf, ich bin doch nie krank, aber sie sieht mich an und sagt *Du bist heute nicht du selbst, ich kann mich noch denken hören* und ruft bei mir zu Hause an.

Dad ist bei der Arbeit, und soweit ich weiß, ist Fiona heute zu irgendeiner Untersuchung im Krankenhaus, also hoffe ich, dass sie nicht da ist und mich daher auch nicht abholen kann. Am Ende will sie mir noch ein Bild von dem Baby zeigen und mich fragen, wie ich den Namen Grizelda finde oder was weiß ich.

Doch sie geht ans Telefon, ist also zurück und kommt mich auch abholen. Die Gewitterwolke um meinen Kopf herum ist wohl nicht zu übersehen. Sie sieht mich ganz besorgt an, und mir fällt auf, dass sie rote Ränder unter den Augen hat. Wie bei einer Maus. *Ich bin mit dem Auto gekommen* sagt sie. *Für den Fall, dass du meinst, du schaffst den Weg nicht zu Fuß* und ich verdrehe die Augen. Der Weg von der Schule nach Hause dauert ungefähr vier Minuten, wie kommt sie darauf, ich könnte es nicht *schaffen*, die Schwester wird ihr wohl nicht erzählt haben, meine beiden Beine seien Opfer einer mörderischen Haiattacke geworden.

Ich steige in ihren uralten blauen Wagen, der nach Benzin und Gummi stinkt, und sie legt den Gurt um ihren Bauch. Gestern war der doch noch nicht so prall! Aber Babys wachsen ja die ganze Zeit, wie man hört, wahrscheinlich passt es gerade mal eine Woche in unser Reservezimmer, dann kriegt es meins, und ich muss am Strand schlafen. Was ich, ehrlich gesagt, toll fände, aber darum geht es ja gerade nicht.

Fiona fummelt eine Weile mit dem Zündschlüssel herum. Auf ihrem Handrücken klebt ein weißes Pflaster, so als hätte sie eine Spritze bekommen. Hat sie vermutlich auch, die machen ja alles Mögliche mit einem, wenn man ein Baby bekommt. Der Motor verschluckt sich, er klappert und hört sich an, als würde er im nächsten Moment krepieren. Ich bin mir nicht sicher, wer von uns besser nach Hause käme – dieses Auto oder ich ohne vom Hai abgebissene Beine.

Alles okay mit dir, Schätzchen sagt sie, und ich funkele sie böse an, weil ich kein *Schätzchen* bin, für niemanden. Erschrocken hält sie zwei Hände hoch, als würde ich Pfeil und Bogen auf sie richten, was ich im Kopf natürlich auch tue, und dann fährt sie endlich los.

Wie ging's mit Tom fragt sie, und ich merke, dass sie wirklich besorgt ist. Ich weiß von Dad, dass Tom schon auf vielen Schulen war, und ich frage mich, ob dieser Winzling es vielleicht in Wirklichkeit faustdick hinter den Ohren hat und bereits von jeder Schule zwischen hier und Timbuktu geflogen ist. Vielleicht meint sie ja mit ihrer Frage, ob er womöglich schon die Turnhalle in Brand gesetzt hat. Zwischendurch schnieft sie, als wäre sie erkältet.

Gut antworte ich. Das Wort ist auch so schon kurz, aber irgendwie schaffe ich es, dass es noch kürzer klingt. Was ich nicht sage: dass alle ihn zu mögen scheinen, dass er und Cameron in Mathe kichernd (!) über ihren Aufgaben zur Bruchrechnung (!) gesessen haben. Dass er mir mit fliegenden Fahnen meine Klasse unter der Nase weggeklaut hat, genau wie er mir meinen Hund und meinen Vater und mein Reservezimmer gestohlen hat.

Ich zucke nur mit den Achseln, und sie umklammert seufzend das Lenkrad, während wir vom Schulparkplatz fahren. Ich lasse das Fenster ein Stück herunter, um etwas Meerluft einzuatmen statt den Autogestank. *Er ist einfach so ein nervöser Junge und so still, er hat viel durchgemacht, und ich mache mir Sorgen um ihn, du weißt ja, wie Mamas sind.* Sie bricht ab, stoppt den Wasserfall aus Wörtern, die aus ihrem Mund strömen, und guckt ganz erschrocken, denn ich habe ja keine Mutter mehr, die ist ja gestorben. So gucken Leute immer, wenn sie glauben, sie sind in ein Fettnäpfchen getreten. Ich habe keine Mutter, seit ich ein winziges Baby war, und statt eigener Erinnerungen habe ich nur alte Fotos und Videos, die genauso gut aus dem Leben anderer Leute stammen könnten. Meine Mutter, das ist eine Geschichte, die ich manchmal gerne erzählt bekomme, aber woran man sich nicht erinnern kann, das kann man auch nicht vermissen. Im Moment genieße ich es durchaus, dass Fiona so peinlich berührt guckt, also drehe ich mein Gesicht zum Fenster, so als hätte sie meine Gefühle verletzt.

Wir halten in der Einfahrt, und Pablo flippt aus, als ich zur Tür hereinkomme. Er ist eine Wolke aus lockigem Fell und trippelnden Pfoten, und ich will am liebsten sofort mit ihm zum Strand, aber angeblich bin ich ja krank, also gehe ich erst mal nach oben. Fiona sagt, sie macht mir gleich einen Happen zu essen, aber zuerst muss sie einige Anrufe erledigen. Ich soll sie aber *bitte bitte* rufen, wenn ich irgendetwas brauche. Ich beachte sie gar nicht.

Gerade will ich in mein Zimmer gehen und mich aufs Bett legen, vielleicht ein Buch lesen oder mir überlegen, wie ich mich an Tom dafür rächen kann, dass er mir mein Leben klaut, da sehe ich, dass seine Tür nur angelehnt ist. Nein, nicht *seine* Tür. Die Tür zu unserem Reservezimmer. Dem von mir und Dad.

Ich gehe hinein, warum auch nicht, es gehört mir doch. Von unten höre ich Fiona telefonieren. Sie spricht leise, sodass ich nichts verstehen kann, aber sie klingt nicht froh. Vielleicht ist sie schon jetzt so unglücklich, dass sie wieder auszieht und diesen Jungen mitnimmt.

Das Fenster steht offen, die Luft riecht nach Salzwasser, ein Geruch, der mir so vertraut ist wie der meiner eigenen Haut, aber davon abgesehen ist nichts mehr, wie es war. Neue Sachen, die an einem neuen Platz stehen. Ein neues Bett und eine neue Kommode und ein Teppich mit Autos (wahrscheinlich ist der Typ tatsächlich erst fünf, echt jetzt) und lauter Leuchtsterne an der Zimmerdecke.

Auf seinem Schreibtisch liegt Papier in tausend verschiedenen Farben, ganz exakt aufeinandergestapelt, und ich muss gegen den Drang ankämpfen, alles umzustoßen. Verschiedene Figuren aus Papier stehen daneben – ein eckiger Hund, eine kleine Schachtel, ein Boot und etwas, was ich für ein Hochhaus halte. Ich nehme die Schachtel und drücke sie zwischen Daumen und Zeigefinger platt. Dann lasse ich sie erschrocken hinter seine Kommode fallen.

Unter seinem Schreibtisch steht ein Karton. Als ich die zwei Klappen des Deckels aufschlage, sehe ich darin seltsame gefaltete Figuren in allen Regenbogenfarben, vielleicht Vögel mit gebrochenem Genick, vielleicht auch Dinosaurier oder, wer weiß, Flugsaurier. So voll ist der Karton, dass die Papierfiguren schon fast über den Rand quellen. Schnell und vielleicht auch etwas grob schlage ich den Deckel wieder zu, damit die Faltfiguren drinbleiben. Irgendetwas hat sich aber verklemmt, der Deckel passt nicht richtig, ich kriege einen gelben Wollfaden zu fassen und ziehe daran. Es ist eine winzige Mütze für ein winziges Köpfchen, in Wellenlinien gestrickt. Auf einmal wird mir ganz heiß in der Brust, und ich werfe die Mütze auf den Boden. Wie ein schlaffer Ball liegt sie da.

Tom hat anscheinend jede Menge Lampen. Eine Lavalampe blubbert träge in einer Ecke, ein Wecker leuchtet in allen möglichen Farben, und eine seltsame Glühlampe ist auf gesplittertes Glas gerichtet, das wie Diamanten funkelt, und malt irgendwie Regenbogen an die Wand. Auch auf vier noch nicht ausgepackten Umzugskartons stehen Lampen, die ihr Licht entweder an die Decke, an die Wände oder auf den Boden werfen. Ich wette, nachts, wenn die Vorhänge geschlossen und all diese Lampen voll aufgedreht sind, hat nicht das kleinste bisschen Dunkelheit eine Chance, in diesem Zimmer auch nur zu flüstern. Hat der Typ eine Macke? Ist er so eine Art Lichtsammler? Wandert er nachmittags durch Secondhandläden und kleine Antiquitätenshops oder über verstaubte Flohmärkte auf der Suche nach immer neuen unterschiedlichen Lampen? Hat er für jede Gelegenheit Licht in seinen Taschen parat?

Der Junge ist sogar noch seltsamer, als ich dachte. Später liege ich auf meinem Bett und esse die Kekse, die Fiona mir gebracht hat. Die Banane, die sie in mundgerechte Stücke geschnitten hat, lasse ich liegen. Ich mag doch kein Obst, aber was weiß die schon von mir. Ich mache die Augen zu und denke daran, wie viel besser alles vorher war.

TOM

Nach dem letzten Läuten passiert etwas Seltsames: Keiner rennt los, weil Eltern warten oder Busse mit quietschenden Bremsen vorfahren und die Straße in graue Abgaswolken hüllen. Keiner schart irgendwelche Grüppchen um sich, ohne die kleinste Lücke zu lassen, in die noch jemand passen könnte. Stattdessen geht die ganze Klasse zusammen los. Und ich gehe einfach mit. *Schade, dass es Zofia nicht gut geht* sagt Dommo. *Sie ist nämlich die* Allerbeste im Volleyball. *Andererseits sind dann heute die Mannschaften mal gleich stark.* Da wird mir erst klar, dass das heißt, ich soll mitspielen. Volleyball habe ich noch nie gespielt. An meinen alten Schulen habe ich Fußball gespielt, manchmal auch mit Dad im Garten. Ich habe jede einzelne Sekunde gehasst, und meine Beine gehörten irgendwie nicht zu mir. Dad hat ständig die Arme hochgerissen und rumgebrüllt. Zu nichts zu gebrauchen sei ich, wie ein Mädchen. Was völlig unsinnig war, denn keiner an meiner alten Schule war so gut im Fußball wie Zoe Hunter. Aber mit Dad konnte man nicht diskutieren.

Mein Mund ist trocken, und mein Herz klebt an den Rippen. Diese neue Klasse soll nicht wissen, wie unfähig ich bin. So etwas wie damals darf mir nicht noch einmal passieren. Nicht noch so ein *Vorfall*. Sie sollen nicht über mich lachen, wenn meine Arme und Beine zucken und hin und her schlenkern und sich immer in die falsche Richtung drehen und der Ball neben mir im Sand landet.

Hier scheinen sie alle eine andere Haut zu haben als ich. Sie sind abgehärtet vom Salz und vom Seewasser, von der Sonne und vom Sand. Meine Haut ist milchig weiß, und meine Muskeln taugen nur fürs Zittern.

Der Strand ist wunderschön. Heute Morgen habe ich kaum hingeschaut. Da schien mir alles nur grau in grau. Inzwischen hat das Meer seine Spuren im Sand hinterlassen, und der Strand hat ein Muster aus goldenen Wellen. Das Meer und der Himmel haben die gleiche Farbe, beide sind sie in smaragdfarbene Gewänder gehüllt, und frühlingshelles Sonnenlicht liegt auf allem. Doch dann höre ich, wie die Wellen gegen die Felsen schlagen, sehe die messerscharfen Zähne der Klippen bis in die Wolken hinaufragen, und ein Schauder läuft mir über den Rücken. Als Dommo untertaucht, warte ich atemlos, bis ihr Kopf wieder an die Oberfläche kommt. Von den anderen geht keiner schwimmen, es ist einfach noch nicht warm genug, und ich bin froh, dass ich keine Ausreden erfinden muss.

Während Cameron und ich uns nebeneinander in den Sand setzen, um unsere Mathe-Hausaufgaben zu machen, richten Leo und Mo schon mal das Volleyballfeld ein. Camerons Buch ist voller Salzflecken, und nicht lange, da stecken zwischen den Seiten lauter Sandkörnchen. Es ist ein merkwürdiges Gefühl, hier in der Kälte zu sitzen, am äußersten Rand der Welt, wie mir scheint, und Bruchrechnung zu üben.

Das Volleyballspiel verläuft dann ganz anders, als ich es mir vorgestellt hatte, niemandem scheint es wichtig zu sein, zu gewinnen oder auch nur viele Punkte zu machen oder den Ball in der Luft zu behalten. Als der Ball das erste Mal auf mich zufliegt, spüre ich ein Kribbeln unter der Haut und ein Prickeln an den Enden meiner Nerven, und ich schlage den Ball hinunter. Er prallt heftig am Boden auf, und Sand fliegt hoch. Ich warte schon auf die empörten Schreie und das Stöhnen, auf *Du Idiot* und *Was ist denn mit dir* aber nichts dergleichen. Halima hebt den Ball einfach auf, stößt ihn zurück über das halb zerrissene Netz, und Jude landet mit dem Kopf voraus in einem Seegrasbusch. Der Ball rollt sanft aus und bleibt direkt vor Judes Nase liegen, und Jacob hebt ihn auf. Dann geht es weiter. Wir sind die zwei schlechtesten Volleyballteams, die es je gab, und langsam vergesse ich die heranrollenden Wellen, die hoch aufragenden Klippen und die Sonne, die sich langsam Richtung Horizont bewegt, und es fängt an, mir Spaß zu machen.

ZOFIA

Ich stehe ganz hinten am Strand und halte Pablo fest an seiner Lederleine. Der Hund zerrt am anderen Ende, versucht verzweifelt, zu seinen Freunden zu kommen und zum Ball, zum Meer und zu all den Stimmen und Geräuschen, die er hört. Doch ich stehe still wie eine Statue.

Tom liegt mit gespreizten Armen und Beinen im Sand. Neben ihm der Ball. Dommos hysterisches Lachen prallt an den Klippen ab und füllt den Himmel. Die übrigen Sechstklässler müssen mitlachen, und aus dem Sologelächter wird ein ganzer Chor, der sich anhört wie am Himmel kreisende, kreischende Möwen. Sogar Tom lacht mit. Viel habe ich ihn bisher noch nicht sagen hören, umso überraschender ist dieses tiefe Kichern, das viel zu groß ist, um von etwas so Kleinem auszugehen. Er sieht auch völlig verändert aus. Ein offenes Gesicht, keine Spur mehr von dem bleichen, verkniffenen Jungen. Auf einmal hat er rosige Wangen, und nichts ist mehr da von den sonst so steifen Bewegungen. Plötzlich sieht er aus wie einer von den anderen. Einer aus der Clique. Aus meiner Clique.

Ich halte es nicht mehr aus. Ich mache auf dem Absatz kehrt und gehe wieder nach Hause. Pablo protestiert, und ich muss ihn hinter mir herschleifen.

Ohne ein Wort gehe ich nach oben ins Bad und lasse Wasser einlaufen, bis die Wanne überläuft. Wasser schwappt auf den Holzboden, aber das ist mir egal. Ich gleite unter die Oberfläche und warte auf das Gefühl der

Ruhe. Darauf, dass der Gesang des Wassers mich irgendwo anders hinbringt, aber das passiert nicht. Ich kann einfach nicht länger untertauchen. Ich schaffe es nicht, dass meine Lunge zur Ruhe kommt und stark wird. Sekunden kommen mir vor wie Stunden und
    eins
    zwei
    drei vier
    fünfsechssieben
Wie eine Luftblase ploppe ich an die Wasseroberfläche und atme so lange ein, bis die Sterne vor meinen Augen verblasst sind.

TOM

Zofia ist immer noch krank, als ich vom Strand zurückkomme. Sie ist im Bad. Mum und Marek sitzen in der Küche und reden leise, hören aber auf, als ich hereinkomme. Zofia habe sich etwas besser gefühlt, sagt Mum, sie sei sogar mit dem Hund rausgegangen, habe sich dann aber wieder krank gefühlt und musste umkehren. Es ist gemein, ich weiß, aber ich bin froh. Selbst wenn sie mir vorhin noch leidgetan hat – das Leben ist nun mal leichter, wenn sie nicht in der Nähe ist. Mum bringt ihr etwas Suppe und Brot nach oben, und als sie zurückkommt, sieht sie traurig aus, und ich weiß, Zofia war wieder fies zu ihr, und mein Herz krampft sich zusammen.

Ich esse mit Marek und Mum, wir reden vom Strand und von der Schule und neuen Jobs, wir lachen zusammen, und es fühlt sich gut an, auch wenn ich Marek noch immer nicht traue. Mum möchte mir eine Ultraschallaufnahme zeigen, ein seltsames Bild, ziemlich körnig, und das Baby hebt sich hell ab vor Mums dunklen Organen. Es hat sich zusammengefaltet und hat Ähnlichkeit mit einer meiner Origamifiguren. Im ersten Moment sieht es weniger wie ein Baby aus als wie ein verschrumpelter Alien, aber je länger ich hinschaue, umso klarer werden die verschwommenen Umrisse. Nach und nach passt alles zueinander, und nach einer Weile sehe ich die Umrisse einer Nase und einen Mund und eine winzige Hand, die sich ausstreckt, um mir zuzuwinken.

Wieder spüre ich, wie tief in mir drin etwas an mir zieht.

Wir reden über Namen für das Baby. Mum und Marek wissen noch nicht, ob es ein Junge oder ein Mädchen ist, und Mum sagt, sie will es auch gar nicht wissen, es sei ihr egal und auch nicht wirklich wichtig, andere Dinge seien viel wichtiger, aber was für Dinge das sind, das sagt sie nicht. Marek drückt ihr die Hand. Ich bin mir nicht sicher, ob ich gern ein Mädchen hätte, wenn das dann so wird wie Zofia. Marek schlägt eine ganze Menge alberner Namen vor wie Vanderbeek und Rolltopia und Xanadu und Armatura, bis Mum mit ihrer Serviette nach ihm schlägt. Im selben Moment verhärtet sich in mir wieder alles, was an diesem Tag weich geworden war, zuerst am Strand und dann, als ich das winkende Baby sah. Ich zucke zusammen. Mum sieht es sofort und hält mir ihre sanften Hände hin, ich nehme eine, doch mein Herz klopft so laut wie Donnerschläge.

In meinem Zimmer weiß ich sofort, dass etwas nicht stimmt. Meine sorgsam aufgebaute Papierstadt ist umgefallen. Jemand hat den Deckel der Kiste unter meinem Schreibtisch aufgemacht und falsch wieder geschlossen. Ich mache sie auf und sehe zerknitterte Figuren und kaputte Papierflügel. Das geheime gelbe Mützchen liegt platt gedrückt am Boden.

Sie ist in meinem Zimmer gewesen. *Sie* hat meine Sachen angeschaut. Alte und neue Gefühle steigen in mir hoch, wuseln und wirbeln herum, und ich schaffe es nicht, sie am Boden zu halten, zusammenzufalten und wegzupacken. Sie brodeln unter meiner Haut, bis sie schließlich hindurchstoßen und mich umzingeln.

ZOFIA

Als ich am Morgen aufwache, sind meine Augen ganz verklebt vom Schlaf. Ich gähne, recke und strecke mich, so weit ich kann, und schmeiße dabei aus Versehen die Katze vom Bett. Sie knurrt, springt zur Tür und verlangt ärgerlich, hinausgelassen zu werden. Nicht einmal die Katze kann ich noch auf meine Seite ziehen. Ich kraule ihr den Kopf, sie schnurrt widerstrebend, ich bin nett und sanft und freundlich, und es funktioniert. Vielleicht sollte ich das unten auch mal probieren.

Dad sage ich, dass es mir eindeutig besser geht und dass ich eindeutig wieder gesund genug bin für die Schule. Er sieht im Krankenhaus jeden Tag Leute, die ungefähr vier Millionen Mal kränker sind als ich, daher reicht ihm die Tatsache, dass ich aufrecht vor ihm stehe und sprechen kann, als Beweis dafür, dass ich zur Schule gehen kann. So besonders bei der Sache scheint er ohnehin nicht zu sein. Um seinen Kopf schwebt schon wieder diese Wolke aus Sorge, weil er an die Patienten denkt, die er heute sehen muss, an all die Dinge, die gemacht werden müssen, all die Orte, an denen er sein muss, und all die Menschen, für die er da sein muss. Er küsst mich kurz auf den Kopf, sagt *Sei ein liebes Mädchen heute, Zofia, bitte, es ist so wichtig* und damit verschwindet er in den Morgennebel vorm Haus.

Ich bemühe mich, extra lieb und nett zu sein, weil Dad wissen soll, dass ich die Beste von allen bin. Ich helfe Fiona, den Frühstückstisch zu decken, und räume anschließend alles weg, ohne dass sie mich darum bitten muss, und sie strahlt, als hätte ich ihr ein Hundebaby geschenkt, aber auch sie sieht mich eigentlich nicht richtig an. Es ist, als sei ich plötzlich verblasst, als wäre ich ein Geist. Ich wasche mir das Gesicht und putze mir die Zähne. Ich blecke die Zähne im Spiegel und schnappe zu wie ein Wolf, ich bin eindeutig nicht unsichtbar. Der Spiegel ist übersät mit kleinen Schneeglöckchen aus Zahnpastaspritzern. Ich mache sogar einen Versuch, sie wegzuwischen, aber davon wird alles nur noch schlimmer. Probiert habe ich's jedenfalls.

Zu Tom bin ich ganz besonders nett. Ich lächle ihn an und verberge meine Wolfszähne, ich rede über die Schule und den Sommer und Fußball und den Strand, und er sagt kein Wort, und als ich ihn richtig ansehe, merke ich, dass er irgendetwas auf den Knien liegen hat und kleine Froschgeräusche macht. Er hat mir kein bisschen zugehört. Ich haue mit der Faust auf den Tisch, um ihm zu zeigen, dass ich ein Mensch aus Fleisch und Blut und Knochen bin und nicht irgendein Geistermädchen, das sich gerade auflöst. Er zuckt zusammen, und die Luft um ihn zittert.

Ich hab's doch versucht will ich schreien, aber ausnahmsweise tut meine Stimme nicht, was sie soll.

Gestern Abend habe ich gehört, wie sie am Tisch blöde Witze gemacht und darüber gelacht haben. Ich knalle ein paar Teller ins Spülbecken, und dabei fällt mein Blick auf den Kühlschrank. Da hängt ein schwarzes Bild mit einem Geist in der Mitte. Ich gehe näher heran und sehe ein Baby, das in der Dunkelheit schwimmt. *Ihr* Baby. Das von Dad, Fiona und Tom. Mir wird schlecht.

Ich werde verdrängt, ja, vertrieben aus meinem eigenen Haus und meiner eigenen Familie, gerade ribbelt sich alles auf wie das Ende von einem Strickschal. *Ich* ribbele mich auf, meine Wolle löst sich, und ich fühle mich nicht mehr wie ein Teil von irgendetwas oder auch nur vollständig oder ausreichend. Ich will, dass Tom weggeht. Ich will, dass Fiona weggeht. Ich will, dass das Baby weggeht. Ich wünschte, das Baby würde verschwinden.

Ich renne zum Strand hinunter, stehe im beißenden, salzigen Morgenwind und spüre, wie meine Verletzung, meine Wut nach und nach in Takt kommen mit Ebbe und Flut. Ich bin ein Sturm, und ich bin das Meer, und als wir eins sind, schleudere ich meinen Wunsch übers Wasser, und genau wie in Dads Geschichte sende ich meinen Wunsch an die Wellen, ich kreuze die Finger ganz fest und wünsche wünsche wünsche.

TOM

Ganze sieben Sekunden habe ich gestern Abend geschafft, bevor ich sämtliche Lampen angemacht und so die Dunkelheit dazu gezwungen habe, sich in die Ritzen zwischen den Dielen zurückzuziehen. Hier in diesem Haus ist die Dunkelheit anders. Hier ist nichts als schwarze Luft. Es gibt keine Straßenlaternen oder Scheinwerfer oder blinkende Neonleuchten, von denen wenigstens ein kleiner Abglanz ins Zimmer käme. Hier ist die Dunkelheit alles. Als wollte sie mich mit Haut und Haaren verschlingen, so fühlt es sich an.

Am Morgen ist Zofia so laut, dass ich mit den Zähnen klappere und mir der Kopf dröhnt. Am liebsten würde ich zurückbrüllen und ihr sagen, dass ich weiß, dass sie an meinen Sachen war, aber dafür fehlt mir der Mut.

Sie ist so laut. Aber ich kann mir auch nicht die Ohren zuhalten, das wäre unhöflich, also mache ich mich klein und esse meinen Toast, so schnell ich kann. Mit der freien Hand versuche ich, aus einer alten Quittung einen Frosch zu falten. Ich konzentriere mich, so gut es geht, auf das Falten jeder Linie und jeder Ecke, um meinen Kopf mit etwas anderem zu füllen als Zofias Lärm. Ich lasse den Frosch auf meinem Knie hüpfen und quake leise dazu, höre aber schnell wieder auf, und auch Zofia hört plötzlich auf mit ihrem Gebrüll, worum auch immer es dabei ging, und ballt eine Hand zur Faust. Damit donnert sie auf den Tisch, dass das Geschirr wackelt. Es passiert so plötzlich, dass ich mich nicht unter Kontrolle habe und heftig zusammenzucke. Zofia sieht mir direkt ins Gesicht. Ich sehe glühende Wut in ihren Augen und frage mich, was sie wohl in meinen sieht.

ZOFIA

Nachdem ich meinen Wunsch laut ausgesprochen habe, bin ich noch lauter als sonst. Ich spüre meine wippenden Bewegungen und meine im Wind vibrierende Stimme. Sogar Dommo, die angeblich meinetwegen mal für drei Tage taub war, nachdem wir mit der Klasse eine mittelalterliche Burg besichtigt hatten, selbst sie guckt mich heute groß an und wundert sich, wie laut ich bin. Irgendwie kann ich mich selbst nicht leiser stellen. Ich versuche einfach, so viel Krach wie möglich zu machen, um in mir drin etwas abzustellen, was ganz furchtbar laut an mir nagt. Dad witzelt oft, bei mir sei wohl der Lautstärkeregler kaputt, aber genauso fühlt es sich heute tatsächlich an. Ich fühle mich, als wäre irgendetwas an mir kaputtgegangen. Mit jedem Schritt auf dem Schulweg und auf den Pausenhof werde ich lauter und lauter und lauter, bis der Asphalt unter meinen Füßen sich anfühlt, als würde er jeden Moment aufbrechen. Ich gehe von einem zum andern, mache überall Witze, schlage Purzelbäume, fange Spiele an und erfinde neue Spielregeln. Ich bin die lustigste Zofia, die sie je erlebt haben. *Was haben sie dir denn heute in die Cornflakes getan* fragt Mo, und ich knurre nur.

TOM

Nach der Schule gehen wir an den Strand. Zofia will mich nicht dabeihaben, das weiß ich, und ich sie genauso wenig. Bei dem Blick, mit dem sie mich heute Morgen angesehen hat, konnte einem wirklich angst und bange werden, und der hängt jetzt knisternd in der Luft zwischen uns. Ich weiß, dass sie mich hasst. Für mich fühlt es sich so an, als wäre ein Gummiband zwischen uns gespannt, das ständig weiter gedehnt wird. Lange kann es nicht mehr dauern, bis es reißt. Aber Mum hat einen Arzttermin im Krankenhaus, und Marek hat Dienst im Krankenhaus. Ich will nicht zurück in dieses schiefe Haus und allein da herumsitzen, während das Tageslicht langsam immer weniger wird. Aber gleichzeitig will ich weit weg von Zofia sein, und Zofia wird am Strand sein.

Doch dann kommen Cameron und Halima und Jacob und Jude nach dem letzten Läuten hinter mir hergerannt. *Du willst doch wohl noch nicht nach Hause* brüllt Halima mir hinterher, und Jacob sagt, er hat ein zweites Päckchen Chips, falls ich interessiert bin, und Cameron möchte, dass wir zusammen die Hausaufgaben machen. Lauter kleine Stimmen, die nach und nach die von Zofia übertönen und lauter werden als die eine Stimme in meinem Kopf, die mir einreden will, dass Zofia recht hat. Ich nicke langsam, und Jude schlägt mit mir ein, und so gehen wir alle zusammen zum Strand, als Gruppe.

ZOFIA

Ich ziehe Schuhe, Socken und Pulli aus und renne in die Wellen. Sie sind jetzt ruhiger als heute Morgen. Sie umarmen mich wie einen alten Freund, und ich strecke mich pfeilgerade und tauche in die Tiefe. Das Wasser ist kalt, es verschlägt mir den Atem, also teile ich die Wellen über mir und schnappe nach Luft aus dem wolkenlosen Himmel. Trotzdem fühle ich mich nicht besser, nicht frisch und fit und wie neu.

Ich schüttele mich, wie Pablo es immer macht, wenn er aus dem Wasser kommt, und stapfe über den Strand, wo alle dicht beieinandersitzen. Halima und Leo kabbeln sich noch wegen der richtigen Höhe von Volleyballnetzen und wegen der Markierungen, die Leo in den Sand gezeichnet hat. Ich will mich ja gar nicht einmischen, aber sie fragen mich nicht einmal nach meiner Meinung, selbst als ich direkt bei ihnen vorbeikomme. Ich gehe weiter bis dahin, wo die meisten aus unserer Klasse sitzen, habe schon ein Lächeln aufgesetzt und einen Witz parat und stelle mich darauf ein, gleich im Mittelpunkt zu stehen. Aber sie lachen und witzeln und werfen einen Ball hin und her, und Tom grinst dieses seltene Grinsen. Mich bemerken sie nicht einmal, und als Jude zu Tom sagt *Ich lach mich schief, Alter* bricht der Sturm in mir los.

TOM

Heute leuchtet das Meer. Weit draußen, am tintenblauen Horizont, spiegeln Schaumkronen die trägen Wolken darüber. Ich schmecke Salz auf der Zunge. Langsam fange ich an, mich an das Meer zu gewöhnen, sein Rauschen und Rufen. Das Meer hypnotisiert mich, so fühlt es sich an.

Nach einer Weile geht die Volleyballpartie los. Ich bin im selben Team wie Zofia, weil ich gestern auf ihrer Position gespielt habe. Jude sagt, es wäre Quatsch, jetzt zu wechseln. Aber obwohl ich mit denselben Leuten und gegen dieselben Leute spiele, ist es heute ein völlig anderes Match. Zofias Art zu spielen ist schnell, gut und draufgängerisch. Sie will gewinnen. Sie kann so hoch springen, dass sie mit den Fingerspitzen die Wolken berührt. Sie kann im Schwalbensprung weit über den Sand fliegen. Mit ihrer lauten Stimme vertreibt sie die Seevögel.

Durch die blaue Luft segelt der Ball auf mich zu. Ich hebe meine geballte Faust und bin bereit zuzustoßen. Er kommt näher.

Und näher.

Und näher.

Ein Schrei.

Ein Windstoß voll Salz, ein dunkler Schatten rauscht vorbei.

Eine verschwommene Bewegung.

Dann ein dumpfer Schlag.

Und auf einmal ist das Meer der Himmel und der Himmel ist das Meer und alles steht Kopf.

Mein Mund ist voll mit Körnchen aus kaltem Sand. Ich spucke aus, und alles ist kirschrot.

Die Welt steht immer noch auf dem Kopf und dreht sich, aber jetzt beugen sich Leute über mich, die alle ebenfalls auf dem Kopf stehen. Dommo. Cameron. Jude. Immer mehr Schritte, immer mehr Gesichter.

Noch mehr Blut.

War ja wohl bisschen heftig, Zo.

Lebt er noch?

Sollen wir deinen Dad holen?

Das war sein Ball, das weißt du auch, Zofi.

Er hat die Augen offen, ist das ein gutes Zeichen?

Ich setze mich auf und huste mir den Strand aus der Lunge. Die ganze Klasse scheint wie auf ein Signal hin auszuatmen, und Jacob – oder vielleicht auch Jude – sagt *Tot ist er jedenfalls nicht!* Was inzwischen ja sowieso klar war. Aber so richtig lebendig fühle ich mich auch nicht. Irgendwie sehe ich alle von ganz weit weg. Ich schüttele den Kopf, und die Welt kippt zur Seite, dreht sich einmal um sich selbst und richtet sich dann selbst wieder auf.

Nur Zofia steht abseits. Ihr Gesicht ist leicht gerötet, aber sie hat die Arme fest vor der Brust verschränkt. *Das war mein Ball* schimpft sie vor sich hin. *Er hätte ja aus dem Weg gehen können. Er war mir im Weg.*

ZOFIA

Dommo hilft Tom nach Hause. Ich trotte missmutig hinterher. Ist doch nicht meine Schuld, wenn er nicht Volleyball spielen kann. Ist doch nicht meine Schuld, wenn er genau da steht, wo ich hinmuss, um an den Ball zu kommen. Ist doch nicht meine Schuld, wenn er sich nicht rechtzeitig wegbewegt. Ist doch nicht meine Schuld, wenn er einfach nicht zuhört. Ist doch nicht meine Schuld, wenn er so ein Strich in der Landschaft ist mit Knöchelchen wie ein Vogel und schon der kleinste Schubs ihn umhaut. Ist doch nicht meine Schuld, wenn er sich auf die Lippe beißt und blutet wie blöd. Keine Ahnung, warum plötzlich alle so ein Theater um ihn machen.

Dad und Fiona sitzen in der Küche, stecken die Köpfe zusammen und reden leise miteinander. Erst bemerken sie uns gar nicht, und als sie Tom schließlich sehen, bleibt beiden anscheinend erst mal die Luft weg. Wie albern ist das denn, ich meine, die beiden arbeiten in einem Krankenhaus, da sollten sie doch schon mal Blut gesehen haben. Außerdem ist es nur ganz wenig. Gerade mal ein Spritzer. Ein Fingerhut voll. Nur dass es auf Toms Pullover getropft ist und sich da ausgedehnt und ein ganz cooles Muster gemacht hat: wie Wasserbecken in Felsen am Meer. Ganz ehrlich: Ich hätte nichts gegen so einen Riss in der Lippe, aber Tom gefällt er überhaupt nicht.

Er weint aber nicht, was mich überrascht. Dommo hat unterwegs sogar zu ihm gesagt, er sei tapfer, was ja wohl das Irrste ist, was ich im ganzen Leben gehört habe.

Dad will sich Toms Lippe ansehen, doch der weicht zurück. Das Muttersöhnchen lässt nur Fiona an sich ran. Sie hält eine Hand schützend über ihren Bauch und stöhnt leise, als sie aufsteht. Also wirklich, so schlimm ist es ja nun auch nicht. Er hat doch noch alle Zähne. Glaube ich jedenfalls.

Sie öffnet seinen Mund so supersanft, als wäre er aus Glas und nicht aus Fleisch und Blut und Knochen wie der Rest der Menschheit. Dann richtet sie den Schein ihrer kleinen Arztlampe in seine Mundhöhle, und die leuchtet tiefrot. *Alles gut, mein Liebling, du musst nur ein bisschen mit Salzwasser spülen, anschließend kommt etwas Gaze darüber, bis es aufhört zu bluten, okay? Kann sein, dass es leicht brennt. Aber das ist gut, das zeigt nur, dass das Salz die Wunde reinigt. Okay? Was ist eigentlich passiert?*

Tom antwortet irgendetwas, aber seine Worte sind nur ein Flüstern, sie verwehen und vergehen. Er sei gestolpert, antwortet er, beim Spielen am Strand. Ich bin fast beeindruckt, weil ich mir sicher war, er würde mich verpfeifen. Fiona nickt, dann nimmt sie Kochsalzlösung und Gazetupfer aus dem Regal, und ich spüre, dass Dad mich scharf ansieht.

Fiona möchte wissen, ob es mir gut geht, aber ich knurre sie nur an, sie soll mich in Ruhe lassen. Dad schnappt nach Luft, aber er schreit mich nicht an, schickt mich nicht auf mein Zimmer. Er atmet sämtliche Luft um uns ein, als wäre er am Ertrinken, dann sagt er *Setz dich, wir haben euch beiden etwas mitzuteilen.*

TOM

Irgendetwas ist nicht in Ordnung mit dem Baby.

Ich wusste es, noch bevor sie es sagten. Ich wusste es, bevor Mum die Worte stockend hervorbrachte und damit schlagartig die Luft um uns herum veränderte. Ich wusste es. Es gibt diesen einen Moment, unmittelbar bevor eine schlechte Nachricht herabsinkt und uns einhüllt wie Staub. Den Moment kenne ich nur zu gut, so gut wie die einzelnen Schritte beim Falten eines Kranichs.

Es kann sein, dass das Baby stirbt.

Ich verstehe nicht, wie etwas sterben kann, bevor es überhaupt gelebt hat. Wie etwas, das doch so gewiss war, plötzlich nicht mehr da sein könnte.

Ich verstehe das alles nicht.

Beim Ultraschall gestern haben sie ein Problem entdeckt. Heute mussten sie noch einmal hin, da hat man ihnen genauer erklärt, wie schlimm es ist. Nämlich sehr schlimm. So schlimm, dass sie Worte benutzt haben wie *großer Eingriff* und *Überlebenschancen*, und auf einmal, jetzt, wo es um sie selbst ging, kam mir ihre Ärztesprache schärfer und grausamer vor. Ich muss an das flimmernde, flirrende Foto von meinem kleinen Bruder oder meiner kleinen Schwester denken und daran, wie ich die Umrisse der Knochen mit dem Finger nachgezeichnet habe und mir alles in diesem verwaschenen Schwarzweiß so perfekt schien.

Es kann sein, dass das Baby stirbt.

ZOFIA

Als Dad die Worte ausspricht, kann ich nichts damit anfangen, also zerknülle ich sie und schiebe sie ganz nach unten. Ich kann spüren, wie sie ausschwärmen, wie sie sich winden und kringeln in meinem Bauch. Damit sie damit aufhören, wippe ich auf und ab, bis Dad sagt *Was machst du da eigentlich, Zofia, hörst du mir überhaupt zu?*

Ich nicke und gehe aus der Küche, mache im Wohnzimmer den Fernseher an und schaue einen Zeichentrickfilm, den ich schon mit sechs doof fand. Ich starre auf die grellen Farben, bis sie auslaufen und verschwimmen, aber ich sage nichts und höre die andern in der Küche weinen. Ich schlucke alles hinunter, Übelkeit und Worte und Entschuldigungen.

Es kann sein, dass das Baby stirbt.

Wünsche an die Wellen können wahr werden.

TOM

Mum hält mich fest. Ich spüre die runde Kugel zwischen uns, und einen Moment lang bin ich so böse auf das Baby, dass ein Schauder durch mich hindurchläuft, und Mum hält mich noch fester als vorher. Die Angst kribbelt in mir, sie streckt sich und macht sich breit.

Zofia hat das alles nicht interessiert. Ich hasse sie. Ich hasse ihren Lärm und ihre Bewegungen und wie ich mich fühle in ihrer Nähe. Ich hasse die Art, wie sie mit Mum redet. Ich hasse sie. Ich hasse sie mehr als das, was hier gerade passiert. Ich hasse sie so sehr, in jedem noch so kleinen Teil meines Körpers spüre ich brennenden Hass.

Jetzt ist sie in ihrem Zimmer, wo sie laut vor sich hin schimpft und Dinge in die Ecke pfeffert, und ich wünsche mir aus meinem tiefsten, traurigen und wütenden Herzen, dass alles anders wäre. Es trifft mich wie eine Kanonenkugel, als ich merke, wie mächtig mein Wunsch ist. Bis jetzt war es mir nicht klar gewesen, dass ich mir nichts sehnlicher wünsche. Es trifft mich wie ein elektrischer Schlag. Ein Stromstoß, der sich zitternd bis in meine Fingerspitzen fortsetzt und nach außen Funken sprüht. In mir ist dröhnende Dunkelheit.

Ich wünschte, Zofia würde verschwinden.

Die ganze Nacht lang falte ich Kraniche und lasse sämtliche Lichter brennen, und trotzdem kommt die Dunkelheit aus den Ritzen zwischen den Dielen und kriecht in mich hinein.

ZOFIA

Am nächsten Morgen will Dad mit mir über *Operationen* und *Folgen* und *gegenseitige Unterstützung* reden, doch ich höre gar nicht hin. Es ist ihm klar, sagt er, was für ein Schock das für uns ist, aber ich sage immer noch nichts. Ich habe auch nichts zu sagen. Er redet und redet und guckt mich die ganze Zeit an und macht Pausen für das, was ich zu sagen habe, und also sage ich

Wenn das Baby stirbt, gehen Tom und Fiona dann wieder?

In dem Moment fühle ich es wieder, dieses Schlingern in meinem Bauch, das mit lautem Gebrüll erwacht, während alles Blut aus Dads Gesicht sackt und er kreidebleich wird.

TOM

Mum und ich gehen am Strand spazieren, nur wir zwei. Hinter den wogenden Wellen scheint die ganze Welt weit offen zu liegen, gleichzeitig fühle ich mich im Schutze der Klippen wie in einem Kokon.

Schon so lange habe ich Mum nicht mehr längere Zeit am Stück für mich alleine gehabt. Ich möchte ihr erzählen, welche Sorgen ich mir um sie mache und dass ich keine Nacht schlafen kann, ohne dass jede einzelne Lampe brennt, nicht einmal fünf Sekunden lang, dass ich tausend Kraniche falte, weil ich hoffe, dann einen Wunsch frei zu haben, und auch, welche Sorgen ich mir um das Baby mache, das da zusammengerollt allein im Dunkeln liegt. Aber ich finde die Worte nicht, und sie darf nicht wissen, dass auch ich, wie diese Klippen hier, nach und nach zerbrösele, also erzähle ich ihr von der Schule und vom Volleyball und von Cameron, und sie erzählt mir von ihrer Arbeit und von einem Buch, das sie gerade liest, und stellt mir viele Fragen. Der Wind zerzaust unsere Haare zu salzigen Strähnen, und sie lacht und sagt, ich bräuchte dringend einen Haarschnitt, und damit hat sie recht.

Wir gehen hinunter ans Wasser, an den tintenfarbenen Rand des Meeres, und sie findet ein paar glatte Kiesel, die sich gut fürs Steinehüpfen eignen. Zuerst schaffe ich es überhaupt nicht, doch dann zeigt Mum mir, wie man den Stein halten muss, nämlich ganz flach, und welche Bewegung mein Arm machen muss, damit der Stein übers Wasser gleitet wie ein Schlittschuhläufer. Es fühlt sich so an, als hätte uns der Strand in eine völlig andere Welt gebracht, eine Welt, die es nur für uns gibt. Ich spüre selbst, wie ich langsam loslassen kann, wie dieser Rhythmus – Steine suchen, Steine hüpfen lassen – sich auf mich überträgt.

Wir zählen jeden zitternden Sprung und rufen die Zahl laut in den Himmel hinauf. Ich habe acht, Mum neun. *Es ist so schön hier* sagt sie *nicht wahr* und ich nicke, denn das ist es wirklich. Ich nehme Mums Hand, Zofia ist ja nicht hier und kann mich nicht auslachen. *Alles wird gut* flüstere ich Mum zu. Es sollte sich eigentlich nicht so anhören wie mit einem Fragezeichen am Ende, das kommt von ganz alleine. Mum drückt mir die Hand und sagt, sie weiß es nicht, aber sie hofft es. *Mehr können wir nicht tun, nur hoffen.* Dann nimmt sie meine Hand und legt sie sich auf den prallen Bauch, und ich fühle Steinchen, die über Wasser hüpfen. Zittrige Sprünge. Hoffnung.

Die Sonne schmilzt schon langsam im Meer, meine Finger werden kalt und steif vor Kälte, und jetzt erst merke ich, wie spät es ist. Wir kommen zu spät zum Abendessen, Marek wollte doch kochen. Mein Herz zittert. Das ganze Essen wird im Müll landen, dann folgen lautes Geschimpfe und Dunkelheit. Ich sehe Mum an, die noch immer nach Steinen sucht, ich ziehe an ihrer Hand und sage *Wir müssen zurück.*

Mum geht langsam, und den ganzen Weg lang kaue ich an den Innenseiten meiner Wangen, bis ich metallenes Blut schmecke. Als wir das Haus betreten, stehe ich innerlich unter Spannung wie eine Sprungfeder. Die Wohnzimmertür geht auf, Marek schaut heraus und sagt *Ah, da sind ja unsere vom Winde verwehten Wanderer – euer Essen habe ich im Ofen warm gestellt. Tom, was möchtest du trinken – Apfel- oder Orangensaft?*

ZOFIA

Die Tage werden länger, in jedem Sinne. Zum einen, weil die Sonne immer früher aufgeht und das Meer in goldenem Licht wartet, und zum anderen, weil die Zeit sich wie Kaugummi zieht, seit wir mit Tom und Fiona zusammenleben.

Dad redet im Grunde gar nicht mit mir, Tom sowieso nicht, Fiona tut es zwar, aber es interessiert mich nicht. Kann sein, dass das Baby stirbt.

Ich wusste nicht, dass es so langweilig sein kann, wenn gleichzeitig alles so schrecklich ist. Wenn alles furchtbar und falsch und entsetzlich ist, erwartet man, dass jeden Moment so etwas wie Böllerschüsse losgeht, aber eigentlich hat sich nichts geändert, außer dass ich jeden Tag nach Volleyball am Strand mit zu Dommo nach Hause gehe und dort zu Abend esse. Kein Wort von mir über das Baby oder meinen Wunsch. Beides liegt gut versteckt in mir.

Tom verbringt die meiste Zeit mit Cameron, dann machen sie Mathe oder sonst irgendwas, wer weiß, wen interessiert das schon. Dad vermutlich. Mich hat er, glaube ich, noch kein Mal wieder richtig angesehen seit meiner Frage neulich. Ich meine, er fragt mich schon Sachen wie, ob ich fernsehen will oder Eis zum Nachtisch, oder er sagt, ich soll meine Jacke aufhängen, alles völlig normal, aber sonst ist gar nichts normal.

Dommo und ich gehen schwimmen. Wir haben jetzt Mai, das heißt, es ist noch nicht warm genug, um auf die Neoprenanzüge zu verzichten, aber auch nicht mehr ganz so kalt, immerhin kommen wir nicht mit blauen Lippen aus dem Wasser. Im Winter war der Sand fast grau, jetzt schimmert er golden. Ich trainiere mein schlappes Vorwärtskraulen gegen die Wellen, meine Zeiten haben sich im Laufe der letzten Monate kaum gebessert. Jedes Mal, wenn ich mich Fidschi nähere, spüre ich ein Ziehen in den Muskeln, im Gehirn, in der Haut, dann muss ich umkehren und mit letzter Kraft ans Ufer zurück. Dommo sagt, das seien Krämpfe und ich sollte eine Banane essen, aber wer bin ich denn?

Ein neuer Versuch, doch dieses Mal drehe und strecke und ziehe ich mich kein bisschen schlapp durch die Strömung. Ich kann das, ich kann die Strömung durchbrechen, ich kann gegen sie anschwimmen, um einen Weg zu den scharfen Felsen zu finden, wo ich eine in meiner Tasche versteckte, leuchtend orangerote Flagge hissen will, auf die ich die Umrisse von Pablos Kopf gemalt habe. Wenn ich dann später am Strand sitze, kann ich zusehen, wie das Tuch im Wind flattert und wie Pablos Schnauze von all dem Salz in der Luft nach und nach immer grauer wird.

Wieder bleibt mir die Luft weg. Meine Beine fangen an zu schreien. Der Schmerz ist jetzt doppelt so schlimm. Er wühlt und bohrt sich in mich hinein wie Blitze. Ich hole Luft und schlucke Wasser. Bei jeder Beinbewegung taucht blitzartig Dads Gesicht vor mir auf, dann das von Tom und das von Fiona. Dann ein Babygesicht. Ich paddele mit den Händen, um mich über Wasser zu halten, ich kämpfe und ich schwimme und ich kämpfe und ich schwimme und ich kämpfe und ich schwimme, bis ich mich schließlich am Strand in den Sand schmeiße, keuchend und nach Luft schnappend wie ein Fisch.

Das passiert immer wieder. Es ist, als wäre mein Körper nicht mehr mein eigener, als wäre das Meer nicht mehr ein Teil von mir. In all den Wochen und Monaten, seit sie bei uns eingezogen sind, bin ich Fidschi nicht einen Schwimmzug nähergekommen. Ich war immer die beste Schwimmerin des gesamten Universums, auf jeden Fall die beste in unserer Klasse. Ich hatte gedacht, ich wäre längst fertig mit meinem Projekt, Monate vor der großen Strandschule zum Schuljahresende, also dann, wenn all die Trantüten es endlich auch noch gebacken kriegen. Und jetzt? Liege ich hier wie ein gestrandeter Wal im Sand, während Dommo locker ihre Bahnen durchs Wasser zieht und meinem Ziel immer näher kommt.

TOM

Seit schlechte Nachrichten über uns hängen wie eine Gewitterwolke, bin ich die ganze Zeit in einem Wartezustand. Ich warte darauf, dass der Donner kracht und Blitze zucken. Die ganze Nacht über warte ich, zähle Sekunden und zähle Papierkraniche. Das Licht muss die ganze Nacht brennen, doch selbst dann noch quillt Dunkelheit zwischen den Dielenbrettern hervor, und mein Herz setzt immer wieder kurz aus. Ich werde die Dunkelheit einfach nicht los. Zofia verbringt ihre ganze Zeit am Strand oder im Badezimmer, und wenn sie mir doch mal über den Weg läuft, muss ich an die Schachtel mit meinen Vögeln und an meinen Wunsch denken. Mögliche andere Wünsche lasse ich gar nicht erst zu, stattdessen poliere ich diesen einen Wunsch so lange, bis er hell glänzt.

Lange warte ich schon darauf, dass Marek irgendwann ausrastet. Wenn Mum sich verspätet oder wenn das Krankenhaus anruft mit Neuigkeiten über das Baby, wenn er mich zum Essen ruft und ich ihn nicht gleich höre oder wenn Zofia gemein ist oder Pablo Toast geklaut hat und auf den Boden kotzt.

Ich warte, weil ich weiß, so ein Ausraster kann sehr viel später kommen, als man glaubt. Manchmal passiert es sofort, manchmal dauert es aber auch Tage; das heißt, man muss immer bereit sein. Aber jetzt sind wir schon viele Wochen hier. Woche um Woche vergeht, und nichts ist passiert. Kein Gebrüll, keine Schläge, kein Schlüssel, der sich im Schloss dreht, keine Dunkelheit.

Stattdessen gibt es selbst gebackenes polnisches Sauerteigbrot, gemeinsames Kochen, Strandspaziergänge mit dem Hund, Abende vor dem Fernseher mit Popcorn und heißer Schokolade, Tränen über das, was mit dem Baby passieren könnte, und Umarmungen, die es wenigstens für einen kurzen Moment besser machen.

Manchmal vergesse ich, dass ich warte.

ZOFIA

Die anderen verbringen ihre Zeit als Familie, ich verbringe meine im Meer oder im Bad beim Sekundenzählen. Manchmal frage ich mich, ob ich nicht tatsächlich ein *Selkie* bin, halb Seehund, halb Menschenkind, und besser im Meer leben sollte statt in einem Haus. Ich untersuche meine Haut auf erste Anzeichen eines Seehundfells, sehe aber nur Pickel, die vom Salzwasser kommen. Zu Hause ist kein Platz mehr für mich, und wie ein Seehund schwimmen kann ich genauso wenig, ich hänge zwischen den Stühlen, und das macht mich so wütend.

Ich will, dass das Meer mich hält. Ich will, dass es mich zusammenhält, sodass ich, wenn mein Kopf unter Wasser ist, nicht mehr an all das denken muss, was sonst laut durch mein Gehirn rast. Ich möchte irgendwo sein, wo es nichts gibt als Ruhe und das Leuchten des Meeres, doch im Moment schleudert das Meer mich herum und spuckt mich am Ufer im tosenden Wind wieder aus.

TOM

Von Zofia sehe ich wenig, aber Marek und ich haben angefangen, zusammen mit Pablo rauszugehen, und ich habe nicht mehr diese Panikanfälle, wenn ich mit Marek alleine bin. So ein leicht ungutes Gefühl ist schon noch da, aber es hat mich nicht komplett im Griff. Zofia kommt nie mit, sie verschwindet immer an den Strand, und wenn sie zurückkommt, ist sie klatschnass, spuckt Sand und Salz und sieht stocksauer aus.

Einen Freund habe ich auch gefunden, vielleicht sogar Freunde, da bin ich mir noch nicht sicher. Unsere Klasse geht jeden Tag nach der Schule zum Strand, dann spielen wir Volleyball oder Fangen, manche gehen auch schwimmen, vor allem seit es wieder wärmer ist. Alle hängen zusammen ab, und wenn es doch mal Streit gibt, sind alle ruckzuck wieder gut miteinander. Meistens ist Zofia ein Teil dieser Streitereien, und meistens geht es um Punkte, die ihrer Meinung nach zu Recht oder Unrecht gegeben wurden. Cameron und ich sitzen auch oft irgendwo zusammen und reden über Mathe oder Naturwissenschaften oder erzählen uns Geschichten. Er ist ein ruhiger, freundlicher Junge, und als ich ihm von meinen Origamifiguren erzähle oder vom Licht, das nachts brennen muss, erklärt er mich nicht für verrückt. Auch als ich vom Baby erzähle oder sogar von meinem Vater, hört er mir ruhig zu. Ich sage ihm nicht, *warum* ich Licht brauche oder Papier falte, und auch den Vorfall an meiner letzten Schule erwähne ich nicht. Aber ich sage ihm, wo mein Vater ist, und er geht nicht hin und posaunt es vor der ganzen Klasse aus oder rutscht ein Stück von mir weg oder behauptet, er müsse schnell nach Hause. Stattdessen sagt er *Das muss wirklich schwer für dich sein* und ich sehe ihn überrascht an, denn das ist ein Gefühl, das ich schon vor langer Zeit tief in mir vergraben habe. Aber es ist tatsächlich schwer für mich. Wirklich.

ZOFIA

Am Wochenende findet wieder die jährliche Mairegatta statt, was im Grunde nichts anderes heißt, als dass wir alle zum Hafen gehen, Eis essen und uns dabei die Parade eleganter, teurer Yachten mit gesetzten Segeln anschauen. Ich liebe die Regatta, vor allem weil Dad und ich jedes Jahr dabei sind und es immer mindestens drei Kugeln Eis im Hörnchen gibt. Wenn ich will, sogar mit Schokosoße. Es macht Spaß, die Boote anzuschauen, auch wenn mir manche ein bisschen seltsam vorkommen, außerdem mag ich den Lärm und das Gedränge in der Menge.

Dieses Jahr freue ich mich natürlich kein bisschen darauf, schließlich haben wir die beiden anderen im Schlepptau, Fiona, der man dabei zugucken kann, wie sie jeden Tag dicker wird, und Tom, der sich vermutlich hinter einem Fass verstecken wird, wenn jemand auch nur wagen sollte, Hallo zu ihm zu sagen. Bestimmt bin ich die Einzige, die nicht permanent so aussieht, als würde sie gleich in Tränen ausbrechen. Im Ernst, wenn einer von denen anfängt, in aller Öffentlichkeit zu heulen, dann spring ich ins Meer.

Aus unserer Klasse gehen alle hin, dieses Jahr sowieso, weil der große Bruder von Jacob und Jude, Nathan, auch mit seinem Boot dabei ist und wir alle hoffen, dass er uns mal drauflässt. Ich spinne mir aus, wie es wäre, wenn Nathan plötzlich krank würde, während wir alle an Bord sind, und ich die Einzige wäre, die das Boot heil in den Hafen zurücksteuern könnte. Vielleicht müsste ich uns sogar um bösartige Felsen herummanövrieren, die nur darauf warten, mit ihren Zähnen unseren Rumpf aufzureißen, während wir gleichzeitig gegen eine riesige Seeschlange kämpfen. Triumphierend würde ich das Boot in den sicheren Hafen steuern, alle Leute würden mir zujubeln, und ich wäre die Heldin des Tages.

Als wir ankommen, gibt es schon ein Riesengedränge, die Stimmung ist toll. Möwen kreisen laut kreischend über unseren Köpfen und versuchen, den Leuten ihr Gebäck oder ihre Pommes zu klauen. Überall im Hafen und in den kleinen Gassen mit ihrem Kopfsteinpflaster hängen Lichterketten, es ist wie Weihnachten im Frühling. Auf einmal sehe ich Dommo und will gleich mit Pablo zu ihr rennen, doch Dad hält mich am Arm fest und sagt *Nimm heute bitte Tom mit, Zofia, bitte.* Ich schüttle ihn ab und starre ihn wütend an, aber er bleibt dabei. *Mach schon* sagt er, und ich knurre ärgerlich und Pablo bellt. Tom sieht nicht so aus, als würde er gerne mit mir mitkommen, aber er sieht Fiona an, sie nickt und sagt *Viel Spaß* und das war's dann.

TOM

Am Hafen unten herrscht so ein Gedränge und Geschiebe, dass ich am liebsten umkehren und den ganzen Weg zum Cottage zurückrennen möchte. Selbst wenn das bedeutet, dort allein sein zu müssen. Ich scanne jedes Gesicht in der Menge und fühle, wie mein Herz schneller schlägt. Ich bin ein Habicht, der immerzu beobachtet, aber ich jage nicht. Ich fühle mich, als wäre ich die Beute.

Ich will nicht von Mum weg, aber Zofia zerrt mich zum Wasser hinunter, wo Dommo und Cameron und Leo und Halima schon warten. Sie stehen bei einem glänzenden Boot mit einem großen blauen Segel, das sich im Wind bläht. Jacob oder vielleicht auch Jude streckt den Kopf aus der Kajüte heraus und ruft *Alles klar, Leute, guckt euch mal mein Boot an* und Leo hebt einen Arm, um ihm ein Stück Gebäck an den Kopf zu werfen, doch sofort stößt eine Möwe herunter und schnappt es sich, noch bevor es Leos Hand verlassen hat, und ich ducke mich. Zofia lacht, und ihr Lachen klingt noch lauter vor dem schlagenden Segel und dem Rauschen der Wellen.

ZOFIA

Nathan lässt uns tatsächlich an Bord, allerdings unter strengsten Ermahnungen: Wenn wir irgendetwas anfassen oder kaputt machen oder auch nur anhauchen, wenn wir uns im Grunde einfach bloß bewegen, dann schmeißt er uns mit Freuden ins Meer. Er sieht Pablo misstrauisch an, sicherlich nicht ganz zu Unrecht, denn der hat unauffällig schon mal kurz das Bein gehoben, aber nur ganz vorn im Boot, wo es sowieso nass wird, glaube ich jedenfalls. Tom bietet an, mit Pablo an Land zu warten, aber das kommt ja wohl mal gar nicht infrage, dass ich meinen Hund bei ihm lasse. Wahrscheinlich würde er vor Schreck die Leine loslassen, sobald auch nur eine Möwe in seiner Nähe vorbeiflattert, und das wär's dann mit Pablo.

Das Boot ist total cool, superschön sieht es aus, wie es auf den Wellen schaukelt, vor- und zurückrollt. Gischt landet auf meinen Haaren, und der Horizont ruft mich. Ich möchte davonsegeln. Am Ende des Sommers gibt es für meine Klasse am Strand einen Einführungskurs im Segeln. Ein paar Grundbegriffe habe ich schon vor einer ganzen Weile gelernt, aber eigentlich war Schwimmen von Anfang an mehr mein Ding. Dieses Boot aber ist der Hammer, und ich sage zu Nathan, dass ich mitsegeln will. Er lacht nur und sagt *Vergiss es, Kleines, nicht eine Minute würdest du es an Bord aushalten.* Ich laufe rot an, schließlich bin ich nicht mehr klein, und außerdem bin ich viel zäher als er, jede Wette. Ich mache auf dem Absatz kehrt, was auf einem engen Boot gar nicht so leicht ist, stürme davon und pralle prompt gegen Tom. Immer ist er da, wo ich bin, immer im Weg. Ich schreie ihn an, er soll verschwinden, und es ist mir völlig egal, dass alle aus meiner Klasse mich anstarren.

TOM

Ich springe aus dem Weg, und Zofia stürmt mit Riesenschritten an mir vorbei, gefolgt von Pablo und umgeben von einer dunklen Gewitterwolke. Ich spüre, wie mir ganz heiß wird und ich im Gesicht rot anlaufe, ich schaue hinunter aufs Meer, aber davon wird mir nur schlecht, also schau ich zum Himmel hinauf.

Alles in Ordnung mit dir, Alter, die ist so ein Hitzkopf, aber echt sagt Leo, und ich nicke. *Wollt ihr sehen, wie es hier unten aussieht* ruft Jacob, und Leo sagt *Ja, kommt, wir gehen runter.* Eigentlich will ich nicht weg aus der Sicherheit des offenen Himmels, aber ich gehe trotzdem mit.

Die Treppe nach unten ist eng und steil. Ich strecke die Arme zu beiden Seiten aus und taste mich an den kühlen Wänden entlang, während ich Schritt für Schritt hinuntersteige. Ich bin hinter Leo und Cameron, und wenn ich stolpere, brechen wir uns alle die Knochen. Cameron blockiert mir weitgehend die Sicht nach unten, aber es kommt mir sehr dunkel vor. Ich taste in meiner Tasche nach der Taschenlampe, doch meine Finger finden nur weiche Nähte und Flusen. Ich taste blind herum, und meine zitternden Hände zerren hektisch an nichts. Ich hab sie nicht dabei. Blitzartig sehe ich sie vor mir, auf meinem Schreibtisch, wo sie geduldig darauf wartet, in meine Jeans zu wandern, nachdem sie eine Woche lang in meiner Schulhose gesteckt hat. Ich hab sie vergessen. Ich bin so blöd. Ich hab sie vergessen. Nach dem, was in Treverton passiert ist, habe ich mir geschworen, nie mehr ohne Taschenlampe irgendwohin zu gehen.

Und jetzt steige ich in diesen dunklen Raum hinunter, und alles beginnt von vorn.

ZOFIA

Leo und Jacob und Cameron und Tom verschwinden alle über eine steile Treppe nach unten. Ohne mich. Dommo und Halima sind bei mir, Alma und Mo sind gerade gekommen, und Nathan ist den halben Segelmast hochgeklettert und macht da irgendwas mit irgendwelchen Seilen, aber die Jungs hauen einfach ab, ohne mich. Ich hätte auch gern gesehen, wie es da unten aussieht, stattdessen nehmen sie den doofen Tom mit. Der Zorn, der knapp unter meiner Haut lodert, seit Nathan gesagt hat, er lässt mich nicht mitsegeln, kocht langsam über. Der Zorn, der in mir köchelt, seit Tom bei uns eingezogen ist. Der Zorn, der seit den schlechten Neuigkeiten über das Baby in mir brodelt. Alles zusammen wird zu einem großen Feuer, in dem ich verbrenne. Ich renne hinüber zu der kleinen offenen Luke, die sonst die Treppe abdeckt, und in einem Anfall heißer Wut knalle ich sie zu und schiebe den Riegel vor.

TOM

Die Luke knallt zu, und erst denke ich, es war der Wind, doch dann höre ich, wie ein Riegel vorgeschoben wird. Ein Echo trägt das Geräusch nach unten. Ich erstarre. Wir stehen im dunklen Bauch des Bootes, nirgends brennt Licht. Auch von oben dringt jetzt keines mehr herein, und schon sind sie wieder da, die schleichenden Schatten, die wabernden Gestalten, die immer größer werden und nach mir greifen. Irgendetwas brummt die ganze Zeit. Die Dunkelheit dehnt sich aus und wird zäher, ich versuche, sie wegzuzwinkern, zwinkere und zittere gleichzeitig, jetzt fange ich auch noch an zu heulen, mein Gesicht ist schon ganz feucht. Seit wir hergezogen sind, habe ich mich von totaler Finsternis möglichst ferngehalten, und so habe ich verlernt, wie ich sie wegatmen kann. Hektisch schnappe ich nach Luft, aber es wird nie genug davon für mich geben, mein Atem kommt in kurzen, scharfen Stößen, die mir die Brust verbrennen, und mein Herz donnert so laut, dass ich weiß, gleich explodiert es, und dann sterbe ich dann sterbe ich dann sterbe ich. Ich bin zurück in dem Raum, in den er mich immer gesperrt hat, wenn ich etwas angestellt hatte, wenn ich Ärger gemacht hatte, und ich bin ganz allein in diesem schwarzen Loch, und dann sterbe ich dann sterbe ich dann sterbe ich.

Plötzlich flammt grelles Licht auf. Helligkeit überflutet mich wie eine Schockwelle. Licht, das die Dunkelheit vertreibt und sie zwingt, sich in ihre Ecken zu verziehen. Das mir alles zeigt, was zuvor verborgen war. Wir sind in einem Räumchen mit einem winzigen Tisch und einem kleinen Waschbecken. Überall liegen Schachteln und Kabel, keine Ahnung, wozu er die braucht. Was da so laut gebrummt hat, war ein Kühlschrank. Drei Gesichter starren mich an. Leos Finger liegt noch auf dem Lichtschalter an der Wand.

ZOFIA

Ist ja wohl klar, dass ich die Luke nur drei Sekunden später wieder aufmache, jedenfalls gleich nachdem Dommo mich total un-dommomäßig anschreit. Was war denn schon dabei? Die Jungs wären genauso lange da unten geblieben, wenn ich die Luke nicht zugeknallt hätte, deshalb verstehe ich überhaupt nicht, warum auf einmal alle so ein Theater machen. Cameron kommt als Erster hoch, und im ersten Moment denke ich, dass er sich deshalb wie ein Krebs bewegt, weil wir auf einem Segelboot sind und er sich entsprechend benehmen will. Oder sollte er sich vom Seewasser eine schreckliche Krankheit zugezogen haben? Doch dann sehe ich, warum er im Krebsgang, also seitlich, die Treppe hochkommt: Er stützt Tom, der nicht allein laufen kann. Tom, dessen Gesicht schneeweiß leuchtet wie bei einem Geist und der mit jeder Muskelfaser seines Körpers zittert. Den Ausdruck *zittern wie Espenlaub* kannte ich schon, aber ich habe ihn nie richtig verstanden, schließlich sind die Blätter dieses Baumes tatsächlich dünn wie Papier und zerbrechlich, wohingegen Menschen Knochen und Muskeln und all das andere Zeug haben, das sie zusammenhält und stark macht. Doch Tom zittert tatsächlich wie Laub im Wind, wie ausgehöhlt sieht er aus, richtig platt.

Kann mir mal einer sagen, was da unten los war knurre ich, und Jacob, der gerade hochkommt, sagt *Die Luke ist plötzlich zugeknallt und es war stockfinster.* Ich muss lachen, weil ich geglaubt hatte, irgendetwas Schreckliches sei mit Tom passiert, doch Cameron wirft mir einen Blick zu, der mir die Haut verbrennt. Noch nie habe ich ihn so wütend erlebt.

Wieso zittert er dann so, wenn doch bloß die Luke zugefallen ist und es kurz dunkel war flüstert Dommo, und Halima sieht mich an, als müsste ich die Antwort darauf wissen. Ich lache unser Hyänenlachen und will gerade vielleicht ein bisschen ablästern, doch Cameron starrt uns alle wütend an, und Dommo und Halima werden knallrot.

Cameron redet weiter sanft und freundlich im Flüsterton auf Tom ein, und Tom, das Gesicht nass von Tränen, sieht ihn mit glasigem Blick an, während seine Hände weiter zittern und er keuchend nach Luft ringt zwischen weißen Lippen.

Ich weiß nicht, was ich tun soll, und drehe mich suchend zu Dommo und Halima um, aber Halima ist jetzt damit beschäftigt, Tom den Rücken zu massieren, und Dommo kramt in ihren Taschen, bis sie eine Tüte Bonbons findet, die sie Tom gegen den Schock hinhält. *Wieso tun alle hier so, als wäre es völlig normal, sich so anzustellen, nur weil man im Dunkeln eingeschlossen war? Warum sind sie so besorgt um ihn? Und warum sehen mich alle so an, als wäre ich eine Art Monster?*

Nathan schwingt sich vom Segelmast herunter, sorgt dafür, dass Tom sich hinsetzt und sagt *Okay, Kumpel, atme durch die Nase ein, dann durch den Mund aus. So ist's gut, durch die Nase einatmen, durch den Mund wieder aus und immer weiter so. Das war nur eine Panikattacke, klar? Einfach nur Panik, die kannst du wegatmen.* Den anderen sagt er, sie sollen Tom mehr Platz geben. Als hätte der mir nicht sowieso schon meinen ganzen Platz weggenommen. Ich springe vom Boot aufs Dock, setze mich unten mit Pablo hin und sehe zu, wie Tom über die Bordwand reihert.

TOM

Nachdem ich mich übergeben habe, geht es mir ein bisschen besser, allerdings klebt jetzt Erbrochenes an der Bordwand, und das, wo Nathan doch so nett zu mir war. Ich rechne damit, dass seine Laune umschlägt und er explodiert, aber anscheinend fällt ihm gar nicht auf, wie sein Boot aussieht. Er bringt mir Wasser, und ich trinke es langsam und versuche, mir den Geschmack aus dem Mund zu spülen.

Die anderen aus meiner Klasse stehen jetzt etwas abseits, ich höre leises Gemurmel, das an das Summen von Bienen erinnert. Ich kann gar nicht aufstehen. Ich kann sie nicht ansehen. Ich kann ihnen nicht in die Augen sehen, jetzt wo ich mich vor ihnen so zum Affen gemacht habe. Von den anderen da unten im Boot hat keiner Angst bekommen. Keiner von denen hat alle Luft rausgelassen und konnte sie nicht wieder einfangen. Keiner von denen hat sich über die Reling erbrochen. Zofias Lachen, das von den Wellen hochsteigt, habe ich noch immer im Ohr.

Ich will einfach nur nach Hause. Wie blöd war ich, zu glauben, dass mir das nicht noch einmal passieren würde.

ZOFIA

Natürlich werden Dad und Fiona merken, dass etwas nicht stimmt mit Tom, schließlich zittert er und ist ganz grün um die Nase. Ohne auch nur ein Wort zu irgendjemandem stürmt er vom Boot und rennt weg vom Hafen, so wie Pablo losrast, wenn er einem Kaninchen hinterher ist. Ich jage ihm nach, denn ich weiß, Dad bringt mich um, wenn ich Tom aus den Augen verliere, anders als Pablo hat der Junge ja keinen Mikrochip. Ich folge ihm also mitten durch die Menge, durch ein Gewirr von Beinen und Taschen und Hundeleinen und Rufen wie *He!* und *Vorsicht!* und *Pass doch auf!* und *Langsam!*

Ich bin fast außer Atem, als Tom so plötzlich stoppt, dass ich nicht mehr bremsen kann und gegen seinen Rücken pralle. Dieses Leichtgewicht fällt natürlich gleich um, und ich lande auf ihm drauf. Wie von der Tarantel gestochen, springe ich auf. Tom kommt mühsam auf die Knie, die seine Jeans gerade mit einem roten Blütenmuster verzieren. Mir ist schon klar, dass ich jetzt zum zweiten Mal in wenigen Tagen mit ihm zusammengestoßen bin, dass er schon wieder blutet und ich schuld daran bin. Es sieht nicht gut aus, aber er scheint die roten Flecken, die sich auf dem blauen Jeansstoff ausbreiten, gar nicht zu bemerken. Ich halte ihm eine Hand hin, um ihm aufzuhelfen, doch er beachtet sie gar nicht, kommt mühsam auf die Beine und hinkt davon zu dem Gebäckstand, vor dem Dad und Fiona gerade anstehen.

Bis wir zu Hause sind, ist Dad still, doch dann wird er richtig wütend. So habe ich ihn noch nie erlebt, nicht einmal als ich die Bemerkung über das blöde Baby gemacht habe. Doch jetzt strahlt weiß glühende Wut in Wellen von ihm ab. Er ist nicht deshalb sauer auf mich, weil ich Tom unten im Boot eingesperrt habe, davon weiß er nichts, Tom selbst weiß ja auch nicht, dass ich das war, Dommo weiß es vielleicht, hat aber bisher kein Wort dazu gesagt. Dad ist wütend auf mich, weil ich zu grob bin und zu laut und unfreundlich zu Fiona und Tom, weil ich Tom schon zweimal über den Haufen gerannt habe, weil ich mich nicht mehr am Familienleben beteilige, weil ich nur mich selbst kenne und mich schlecht benehme. Er sei es so leid, sagt er. Seine Worte kommen wie eine Flutwelle über mich, und das Salz darin schmirgelt mir die Haut wund. Ich spüre, wie ich unter dem Gewicht seiner Worte zerbreche und zerkrümele, ich starre hinaus aufs Meer, sehe, wie Fidschi sich dem Himmel entgegenreckt, und ich flüstere *Ich hasse ihn ich hasse ihn ich hasse ihn.*

TOM

Ich trinke heißen Kakao, während Mum und ich zusammen vor dem Fernseher sitzen, irgendwelches dummes Zeug gucken und dummes Zeug reden. Ich habe ihr nicht erzählt, was unten im Boot passiert ist. Sie soll sich keine Sorgen machen, und ich kann es gut für mich behalten. Marek ist mit Zofia am Strand, und für eine kleine Weile fühlt es sich genauso an, wie es war, als wir nur zu zweit waren, mal abgesehen von Mums dickem Bauch, der Sorge um das Baby und von Pablo, der auf dem Teppich liegt und schnarcht. Und dem Rauschen des Meeres. Aber es ist nett.

Als Zofia ohne Marek zurückkommt, fragt Mum sie, ob sie vielleicht gerne fühlen würde, wie das Baby strampelt. Zofias Miene verfinstert sich, und ohne auch nur zu antworten, verschwindet sie laut trampelnd nach oben. *Sie ist so gemein zum Baby* flüstere ich. Eigentlich versuche ich, immer nett und freundlich zu sein, aber dieses Mal konnte ich meine Worte einfach nicht stoppen. Mum streicht mir übers Haar und sagt *Sie hat nur Angst, wie wir alle, Tom* und ich muss lachen, denn Zofia hat doch vor nichts auf der Welt Angst.

ZOFIA

Ganze vier Sekunden schaffe ich, dann strömt Wasser verkehrt herum in Richtung Gehirn, und hustend und keuchend hebe ich den Kopf aus der Tiefe unserer Badewanne. Ich lasse mich in dem kalten Wasser treiben und frage mich, wie es sich wohl anfühlen könnte, wenn so ein Baby strampelt. Wie ein Kitzeln vielleicht? Oder wie ein Stups gegen meine Handfläche? Ich zwinge mich aufzuhören. Ich sperre die Gedanken weg und werfe den Schlüssel fort. Ich will überhaupt nichts wissen von diesem Baby. Ich will auch nicht darüber nachdenken.

TOM

Als es Zeit ist, schlafen zu gehen, fühle ich mich immer noch ganz wund und durchgerüttelt und -geschüttelt von diesem Tag. Die ganze Klasse wird jetzt wissen, dass ich ein Irrer bin, ein Verrückter, ein Freak, all das, was die an meiner alten Schule über mich gesagt haben, all das, was mein Vater immer gesagt hat, wenn er mich im Dunkeln eingesperrt und die Tür verschlossen hat. Wieder aufgeschlossen hat er nach einer Stunde oder auch nach einer Minute oder einer Sekunde, aber ich wusste vorher nie, wann es sein würde. Anfangs habe ich noch nicht geweint. Aber dann veränderte sich langsam die Dunkelheit um mich herum, sie reckte und streckte sich nach mir, versteckte Dinge. Sie schnappte nach mir und biss zu. Sie flüsterte und zischte. Irgendwann machte er dann die Tür wieder auf, Licht strömte herein und umgab mich. Mein Vater stand dann in der offenen Tür und lachte, während ich einfach nur versuchte, wieder Luft zu bekommen.

An meiner alten Schule haben George und Connor mich einmal in der Jungsumkleide in einen Schrank gesperrt. Sie fanden das lustig. Sie dachten, alle würden mit ihnen über mich lachen. Erst hat es auch funktioniert. Aufgeschlossen haben sie die Tür erst, als ich so laut geschrien habe, dass sie fürchteten, einer der Lehrer könnte mich hören. Bei dem Gedanken verging ihnen das Lachen und wurde zu Schweigen und Schock und Schrecken. Aus dem schwarzen Maul des Schranks bin ich hinaus in das grelle Licht gestolpert. Am Boden habe ich mich zu einem Ball zusammengekauert. Meine Finger bluteten, weil ich so lange an der Tür gekratzt hatte, und auf meiner grauen Hose zeichnete sich ein feuchter Fleck ab. Ich wollte nicht reden und konnte nicht reden und wollte mich nicht bewegen und konnte mich nicht bewegen. Macy rannte los, um die Schulkrankenschwester zu holen. Am Ende mussten sie Mum anrufen. Sie kam mit einer frischen Hose für mich und nahm mich mit nach Hause, aber ich habe ihr nicht gesagt, was passiert war. Nach dieser Sache hat keiner in der ganzen Schule mehr mit mir gesprochen. Ich war der heulende, blutende Junge, der in die Hose gemacht hatte, bloß weil es dunkel war. Niemand wollte mit mir befreundet sein. Und jetzt geht das alles wieder von vorn los. Zofia hat mich ausgelacht, deswegen hasse ich sie.

Ich lasse alle Lichter brennen und lege seitenweise Papier über die Spalten am Boden, um die Dunkelheit auszusperren, aber ich weiß, sie ist trotzdem noch da, und ich kann nichts tun, damit sie weggeht. Ich falte siebenundvierzig Kraniche und kann an nichts anderes denken als an meine Schachtel mit Vögeln in leuchtenden Farben. Sie wird immer voller. Bald werden es genug sein, dann kann ich mir etwas wünschen. Es ist ein dunkler, bitterer Gedanke, aber was soll's, mir schmeckt er, und ich muss lächeln. Ich höre erst auf mit Falten, als mir die Finger wehtun, aber ich schlafe nicht, bis die ersten rosa Streifen am Himmel den Morgen verkünden und ich zugesehen habe, wie sich mit dem Licht auch die Farbe des Meeres ändert.

ZOFIA

Am nächsten Morgen kreischen sich die Vögel schon früh um Kopf und Kragen und wollen, dass ich endlich aufstehe. Ich knurre sie an, weil ich noch liegen bleiben will, heute ist schließlich Sonntag. Es geht mir gar nicht darum, lange zu schlafen, das wäre ja langweilig, sondern ich will mir aus meiner Bettdecke ein Zelt machen und dann meine geheime, unter dem Bett versteckte Vorratsdose plündern und die Graphic Novel lesen, die Leo mir letzte Woche geliehen hat. Er hat sie seinem großen Bruder geklaut, und angeblich kommt darin lauter so cooles Zeugs vor wie Zombies und Vampire und Schwerter, die durch Drachenhaut hindurchschlagen können. In meiner geheimen Vorratsdose finde ich einen Crunchie, ein Snickers, ein Päckchen Hula-Hoops-Chips, ein Bonbonarmband und ein Schokoladenauge, das noch von Halloween übrig ist. Es ist schon eine ganze Weile her, seit ich die Dose zuletzt aufgemacht habe.

Normalerweise steht sie immer in ihrem Geheimversteck unter der knarrenden Diele, dicht beim Fußende von meinem Bett. Da horte ich all meine Schätze, Schokolade zum Beispiel oder Bücher, für die ich laut Dad noch zu jung bin. Ich bin gerade auf Seite sechs und beim zweiten Schokoriegel angelangt, als es klopft und Dad den Kopf zur Tür hereinsteckt. Der neue Morgen hat seinen Ärger auf mich in Luft aufgelöst.

Komm, steh schnell auf und zieh dich an. Ich habe eine Überraschung für euch.

Ich liebe Überraschungen. Wenn es nicht gerade Überraschungsbabys sind, aber noch eins geht ja im Moment nicht. Ich springe also aus dem Bett, steige in meine Jeans, ziehe mein geliebtes T-Shirt mit einem Papagei darauf über und flitze in die Küche. Tom ist da und krault Pablo die niedlichen Öhrchen. Angezogen ist er auch schon. Besonders glücklich guckt er nicht, als er mich sieht, was Quatsch ist, er weiß ja gar nicht, was ich getan habe. Wenn ich daran denke, spüre ich so ein Kneifen im Bauch. Tom hat Shorts an, seine aufgeschlagenen Knie leuchten himbeerrot, und an seinem Kinn schimmert ein blauer Fleck. Ich drehe mich zu Dad um, aber der ist dabei, gleichzeitig seine Gummistiefel zu suchen, einen Becher Kaffee zu leeren, ein Croissant zu essen und die Katze zu füttern. Zerstreut legt er sein Croissant in Fridas Schüssel, und ich warte nur darauf, dass er sich gleich Katzenfischlis in den Mund schiebt, doch er schüttelt sich einmal kräftig den Schlaf aus dem Kopf und öffnet die Tür. *Dann mal los* ruft er, und Pablo saust gleich los, sodass Toms Finger die Luft kraulen.

Ich folge meinem Hund und meinem Vater und sehe mich nicht um, aber ich höre, dass Tom hinter mir ist.

TOM

Eigentlich habe ich keine Lust mitzugehen, aber Mum ist extra heute früh zu mir ins Zimmer gekommen. Sie hat sich ans Fußende gesetzt und mir gesagt, wie stolz sie auf mich sei und dass Marek etwas ganz Tolles mit uns vorhabe, das mir bestimmt Spaß machen würde. Sie selbst sei ja nur wenige Minuten entfernt. Dann meinte sie noch, ich hätte so etwas ganz Besonderes wirklich verdient *nach allem, was in letzter Zeit passiert ist*. So wie sie es sagte, klang das sehr schwer. Sie selbst würde den ganzen Morgen über Babywäsche zusammenlegen, das wäre sterbenslangweilig für mich. Wenn ich ehrlich bin, hätte ich nichts dagegen, das zu tun, aber ich will ein guter Junge sein. Für sie. Ich will keinen Ärger machen.

Also folge ich Zofia und Pablo und Marek aus dem Haus und schließe die Tür sorgfältig hinter mir. Die Morgenluft ist frisch, wie sie es in der Stadt nie ist. Die Sonne brennt schon hinter den Wolken am Himmel, und das Gras ist feucht vom Tau. Vom Meer her weht ein leichter Wind, der auf der Haut kitzelt, und ich sehe alles ganz klar. Ich sehe, wo Meer und Himmel sich treffen, und ich sehe die kleinen Holzhäuser überall auf den Klippen und dazwischen die gewundene Straße. Ich sehe das Dach unserer Schule und, schon etwas verschwommen, die kleine Insel, die sich tintenblau mitten im Meer erhebt.

Marek geht in Richtung der Ställe. So hat Mum sie genannt, als wir das erste Mal hier zu Besuch waren. Heute haben sie keine Pferde mehr, aber früher, als das Cottage gebaut wurde, schon. Jetzt sind es halb zerfallene Gebäude aus grauem Stein, gepeitscht vom ständigen Seewind und den Stürmen der letzten hundert Jahre. Efeu windet sich an den Mauern hoch, auf den Fenstern liegt dicker Staub. Marek schließt eines der Gebäude auf, und ich befürchte, dass das ganze Ding über unseren Köpfen zusammenkracht.

Marek dreht an einem Schalter, Licht flutet meine Augen, breitet sich in meinem Gehirn aus, und eine Sekunde lang sehe ich gar nichts. Dann bilden sich nach und nach Formen heraus. Linien und Kreise. Staubflocken wirbeln durch die Luft. Obwohl meine Augen sich langsam an das grelle Licht gewöhnen, begreife ich immer noch nicht, was ich da vor mir sehe.

Ist das fragt Zofia *eine Hälfte von einem Boot? Einem ziemlich primitiven?*

ZOFIA

Eine Hälfte von einem ziemlich primitiven Boot, das ist es. Letztes Jahr haben wir in der Schule die Evolution durchgenommen, und dieses Boot sieht so aus, als gehörte es in die allerfrühesten Epochen. Von diesem Boot stammen alle anderen ab, und mit der Zeit wurden sie anders und besser. Sehr viel besser.

Dad streicht mit den Fingern über die rohen Spanten, die vermutlich irgendwann einmal den Bug, also den vorderen Teil des Bootes, bilden sollen. Aber noch sind sie durch nichts verbunden. Ein Geisterschiff. Ein Skelett. Zwischen seinen Knochen wabern silberne Spinnennetze. Ich stelle mir lauter untote Piraten vor, die mit kreischenden Zombiepapageien auf den Schultern mit diesem Boot auf ein nebelverhangenes Meer hinaussegeln.

Als ich anfing, das hier zu bauen, da warst du noch gar nicht auf der Welt, Zofia. Ich hatte diesen Traum, jeden Sommer mit dir mit dem Boot hinauszufahren, am Strand zu spielen und zu toben, rudern zu lernen und einen Ausflug zur Grotte zu machen. Picknicks, fischen, solche Sachen eben. Doch dann ist deine Mutter gestorben, als du noch ein winziges Baby warst. Von da an hatte ich alle Hände voll zu tun. So blieb das Boot einfach liegen. Faulte vor sich hin. Aber ihr zwei, ihr seid gerade alt genug, um es zu übernehmen. Wir können zusammen daran bauen. Ich kann euch zeigen, wie es geht, aber es ist wirklich nichts dabei, das meiste werdet ihr allein machen können, wenn ihr erst einmal die Grundlagen verstanden habt, da bin ich sicher. Es kann euer – wie sagt man – euer Projekt sein. Ein Partnerprojekt.

Meiner Meinung nach wäre ein Gnadenschuss das Beste für dieses Boot. Man sollte es sanft aus seinem Elend erlösen. Vielleicht im Holzofen. Bei dem Gedanken an ein *Partnerprojekt* mit Tom dreht sich mir der Magen um. Ich hab echt keine Lust, endlose Stunden mit ihm zusammen in diesem dämmrigen Schuppen zu hocken. Lieber stecke ich den Kopf in den Holzofen. Lieber rasier ich mir die Augenbrauen ab. Lieber gackere ich wie ein Huhn, anstatt zu reden. Lieber verwandle ich mich in einen umgestülpten Hamster. Lieber mache ich Bruchrechnung.

Tom schaut von Dad zum Boot hinüber. Bestimmt ist er genauso entsetzt wie ich und wird gleich irgendetwas murmeln wie *Lieber nicht, aber vielen herzlichen Dank.* Vor allem nachdem er sich gestern auf dem Boot noch so ins Hemd gemacht hat, dabei lag das im Hafen vor Anker. Aber dann passiert wieder diese Sache mit seinem Gesicht, es beginnt auf einmal zu leben. In seinen Augen gehen Lichter an, sein ganzer Körper verwandelt sich, und aus Frost wachsen Federn.

Kommt ja wohl nicht infrage, dass er und Dad zusammen ein Projekt durchziehen, ohne mich.

Bevor ich mich noch stoppen kann, rufe ich *Ich bin der Käpt'n.*

TOM

Ich baue gerne. Ich fange gerne mit nichts an und habe am Ende etwas in der Hand. Ich beschäftige mich gern mit Dingen, die nutzlos aussehen und es für sich genommen auch sind, und mache etwas daraus. Ich repariere gerne Sachen, sodass sie wieder wie nagelneu sind. Ich habe schon ein Radio gebaut und eine Lampe und eine Taschenlampe und ein winziges Windspiel, außerdem diese Uhr für Mum und jede Menge kleiner Welten aus Lego und Papier. Ich kann Papier zu allen möglichen Formen falten, aus dem Kopf, ganz ohne Anleitung. Wenn Mum traurig ist, falte ich ihr einen Vogel oder einen Elefanten oder einen Wal, und alle beginnen sie mit einem einfachen Quadrat. Schon irgendwie erstaunlich. Wenn ich Dinge bastle oder baue, dann ist das ein Gefühl, als würde ich in eine ganz neue Welt hineingezogen. Ich versinke tief in kleinsten Details, bis alles andere sich auflöst und dieser festgezurrte Knoten aus Angst tief in mir sich lockert, wenigstens ein bisschen.

Ich will gar nicht mit einem Boot raus aufs Wasser, will nicht auf unruhiger See dem Horizont entgegenrudern. Nach dem, was gestern war, will ich überhaupt nie mehr ein Boot betreten. Aber ich würde gerne eins bauen. Würde diese vielen, vielen gebogenen Hölzer nehmen und etwas aus ihnen machen, sodass sie werden, wozu sie mal bestimmt waren.

Wenn es sein muss, auch zusammen mit Zofia.

Wenn es sein muss, auch mit ihr als Käpt'n.

ZOFIA

Dad erlaubt mir nicht, Käpt'n zu sein, was ja wohl lächerlich ist und außerdem extrem ärgerlich. Dommo hat nämlich einen Kapitänshut, den sie mir leihen könnte, zu meiner gelben Regenjacke und den glänzenden schwarzen Gummistiefeln würde der sich total gut machen. Aber Dad sagt, wir müssen eine Doppelspitze sein, ein Kapitäns-Duo, was aus zwei Gründen blöd ist: Erstens hat Dommo nur einen Hut, und zweitens: Wer würde schon von Tom Befehle annehmen?

Dad geht ins Haus, um für uns Tee zu kochen, denn ohne Tee geht bei Bootsbauern offenbar gar nichts. Er fragt Tom, wie er seinen Tee mag, und Tom sagt, er weiß es nicht. Wie man das nicht wissen kann, ist mir schleierhaft, aber Dad nickt und kommt schon bald darauf zurück mit leise klirrendem Teegeschirr auf einem Tablett – vier von unseren gewöhnlichen Teegläsern mit einem Henkel aus Metall, außerdem eine dampfende Teekanne und ein kleiner Krug mit Milch, dazu ein Tellerchen mit grellgelben Zitronenscheiben und unsere alte, angeschlagene Zuckerschale mit blauen Seevögeln darauf. Die durfte ich mir in Wales in einem Geschäft aussuchen, als wir in den Ferien da waren und auf einen Berg gestiegen sind, bis nach ganz oben.

Dad gießt ein und erklärt Tom dann, dass er selbst seinen Tee mit Zucker und Zitrone trinkt und ich meinen mit Milch und dass wir ihn beide aus solchen Teegläsern trinken. Dann macht er für Tom einen schwarzen

Tee mit Zucker und Zitrone und einen zweiten, wie ich ihn mag, und Tom probiert beide. *Gleich werden wir wissen, ob du im Herzen Pole oder Engländer bist* sagt Dad, und ich finde es wirklich ganz lustig. Tom nippt an beiden, so als würde er die Sache richtig ernst nehmen, und wahrscheinlich tut er das auch. Vermutlich hat er irgendwelche Messskalen und Bewertungstabellen im Kopf, und es würde mich nicht wundern, wenn er gleich eine Grafik hervorzaubert und so einen Zeigestock, wie Professoren ihn oft haben. Dad und ich warten gespannt, so als ginge es um einen Wettbewerb, wessen Tee der bessere ist. Und im Grunde ist es das ja wohl auch. Tom nimmt sich Zeit, probiert wieder einen Schluck von beiden Tees, und ich hüpfe herum wie ein Frosch, dem die Zehen anbrennen. *Mach schon, sag schon, welcher* rufe ich, und Tom grinst auf diese spezielle Art, bei der ich jedes Mal von Neuem überrascht bin, und dann sagt er *Tut mir leid, Marek, aber dein Tee schmeckt einfach scheußlich.*

Ich glaube, das war der längste Satz, den ich je von ihm gehört habe, und ich hüpfe auf und ab und gackere laut und tanze durch den Stall und rufe *Sag ich doch, sag ich doch*. Dad lacht so sehr, dass er fast keine Luft mehr kriegt.

Tom lacht auch, ich lache, und die Wut von gestern und von all den anderen Millionen Tagen löst sich ein bisschen im teegetränkten Dampf im Stall auf.

TOM

Ein Boot zu bauen ist viel schwerer, als aus einem Blatt Papier einen Fisch zu formen. Marek hat schon die Spanten für das Boot gebaut, was angeblich der schwierigste Teil ist, aber mir kommt alles gleich schwierig vor. Als Erstes zeigt er Zofia und mir, wie man Holz glatt hobelt. Dazu fährt man mit einem speziellen Werkzeug, dem Hobel, über ein Stück Holz, um es zu formen und zu glätten. Mit etwas Druck führt Marek den Hobel über das Holz und lässt ihn achtsam darübergleiten. Als ich es selbst versuche, reiße ich das Holz in einer Zickzacklinie auf. Ich kriege einen Riesenschrecken und lasse den Hobel los, denn jetzt habe ich das Holz ruiniert, so wie ich alles ruiniere. Jeden Moment kann es losgehen, das Geschrei und Geschimpfe, Hände, die mich packen, und dann dreht sich die ganze Welt im Kreis, während ich ins Dunkle gestoßen werde. Panik jagt durch mich hindurch, und ich schließe die Augen und warte. Aber nichts passiert.

Das war schon ganz gut sagt Marek. *Du hast den Dreh auf jeden Fall raus, das erste Stück ist ja auch ganz glatt geworden. Deine Hand muss immer dem Holz folgen* und schon will er seine Hand über meine legen, um es mir zu zeigen, doch auf einmal hält er inne und sagt *Zofia, komm doch mal her, Tom kann es sich dann bei uns abgucken.* Er legt seine Hand auf ihre, und ich folge dem Fluss und dem Rhythmus ihrer Bewegungen.

Der Vormittag vergeht, ohne dass wir es merken. Wir glätten und hobeln und formen auf die Weise zusammen verschiedene Teile für das Boot. Ich denke an nichts anderes als an die Form des Holzes, und mein Kopf ist leer und ruhig. Irgendwann geht Marek ins Haus, um das Mittagessen vorzubereiten, und ich bin allein mit Zofia. Ich schaue nicht auf, sondern richte meine Augen fest auf das Holz vor mir, doch meine Finger sind nervös, und ich ratsche mir ein Stück Haut vom Daumen. Es tut weh, und ich bin nicht schnell genug, um einen kurzen Aufschrei zu unterdrücken, und Zofia kommt herüber. Ich erwarte, dass sie anfängt zu lachen oder mich ein Baby nennt oder so tut, als wäre da gar nichts. Stattdessen öffnet sie in aller Ruhe eine grüne Plastikdose, die auf einer der Holzbänke liegt, und ohne ein Wort zu verlieren, wäscht sie behutsam mit einem Schuss sterilem Wasser aus einer kleinen Flasche Blut und Staub aus dem gezackten Schnitt, dann klebt sie ein Pflaster um meinen Daumen herum. Ihre Hände sind so sanft und arbeiten so vorsichtig, dass man meinen könnte, sie gehörten jemand anderem. Ich sehe Spuren von meinem Blut auf Zofias Hand; sie schaut darauf und sagt *Bloß gut, dass ich kein Vampir bin, ich hab nämlich einen Mordshunger. Lass uns mal was essen gehen.*

Zum Mittagessen setzen wir uns in die Küche. Ich bin voller Sägespäne, Staub und Schmutz. Meine Muskeln brennen und stechen, und an meinen Fingern wölben sich runde Blasen. Mum reicht mir einen Käsetoast und fragt, ob es mir Freude macht, und ich sage *Ja*. Und das ist die Wahrheit.

ZOFIA

Den ganzen Tag lang bauen wir am Boot. Wir hören erst auf, als der Abendhimmel über dem Meer aufzieht und unsere Mägen so laut knurren, dass sie das Schaben der Werkzeuge übertönen. Wir treten ein Stück zurück und sehen uns an, was wir an diesem Tag erreicht haben, und wenn ich ehrlich bin, ist das Ergebnis eher dürftig. Mir war schon klar, dass wir nicht an einem Tag ein ganzes Boot bauen würden, aber wir sind nicht weiter, sondern sogar weniger weit als heute Morgen. Denn nach dem Mittagessen hatte Dad auf einmal verkündet, dass er heute kein Boot mehr so bauen würde wie noch vor zwölf Jahren. Ich hätte ihn gern gefragt, wie er in diesen zwölf Jahren plötzlich zu einem Experten für modernen Bootsbau geworden ist, aber ich ließ es bleiben. Wenn er diesen abwesenden Gesichtsausdruck hat, hört er mich sowieso nicht. Jedenfalls ließ er uns noch einmal ganz von vorn anfangen.

Er hat uns dabei geholfen, aus Sperrholz den Teil des Bootes zurechtzuschneiden, der später das gerade Heck bilden würde. Er hat uns gezeigt, wie man eine Säge benutzt und wie man sie gleichmäßig flach hält, damit sie sich nicht in der falschen Richtung festbeißt und das Holz aufreißt. Das war wahnsinnig schwer, und ich hätte mir fast den Arm abgesägt. Dass ich noch lebe, ist ein einziges Wunder. Tom bekam seinen Teil natürlich wunderbar hin.

Ich kann nicht sagen, dass es mir leidtut, unserem mickrigen Boot

Marke Eigenbau erst mal den Rücken zu kehren, aber ich bin schon ganz wild darauf, es über den weichen Sand ins Wasser zu schieben und damit in ferne Länder zu rudern, mir meinen Fisch fürs Abendessen zu angeln, mich von den Wellen schaukeln zu lassen, ein winziger Punkt im riesigen Ozean, den ich erkunden will.

Wir sitzen um den Tisch herum, es gibt Tiefkühlpizza und Pommes – mein absolutes Lieblingsessen überhaupt. Ich drücke Ketchup auf alles, bis es so aussieht, als wäre auf meinem Teller ein Mord passiert, dann kommt noch ein letzter Klecks obendrauf. Tom knabbert an seinen Pommes wie ein Spatzenkind, aber auf jeden Fall isst er heute mehr als gestern. Bootsbau macht hungrig.

Wann sind wir fertig frage ich Dad. Er denkt nach und sagt *Ich schätze, ungefähr um die Zeit, wenn das Baby kommt.* Darauf folgt ein winziges Schweigen, weil wir alle wissen, was danach passieren kann. Oder davor.

Es gefällt mir nicht, dass wir das Baby für eine neue Zeitrechnung nehmen, aber wenn ich richtig liege, dürfte es noch ungefähr drei Monate dauern. *Drei Monate!* Da verpassen wir ja den ganzen Sommer! Ich strecke Dad die Zunge raus und sage, das sei *absolut unannehmbar*. Ich höre ein leises Kichern und sehe Tom an, aber der starrt ganz konzentriert auf seine Pommes. Dad zuckt mit den Schultern und meint, wenn wir die Sache richtig ernst nehmen und jeden Tag nach der Schule fleißig daran arbeiten, dann könnten wir es vielleicht schaffen, bevor das Baby kommt. Er soll endlich aufhören, dieses blöde Wort zu benutzen.

Also gut sage ich und schwinge eine Pommes hoch in die Luft wie ein blutiges Schwert. *Wir bauen das Boot, so schnell wir können, und gehen damit noch diesen Sommer auf große Fahrt, so weit wir können.*

Fiona lächelt mich an, ich sei ja wirklich sehr *resolut*, sagt sie. Das höre ich oft von Leuten, und normalerweise meinen sie damit, dass mich nie interessiert, was die anderen wollen. Doch dieses Mal war es sogar anerkennend gemeint, glaube ich, und einen Moment lang wird mir ein kleines bisschen warm von innen. Ich sehe Tom an und frage *Bist du dabei?* In der winzigen Pause, die darauf folgt, in dem kurzen Moment fühle ich mich, als würde ich durchs All stürzen, und ich möchte laut schreien, dass es mir so was von egal ist, was er macht, dass ich das auch alleine durchziehe, aber dann nickt er, und ich schiebe mir ganz entspannt meine Pommes in den Mund, so als wäre nichts gewesen.

Bevor die Sonne im Meer versinkt, gehe ich mit Dommo noch eine Runde schwimmen. Sie wirft sich auf den Rücken, um den goldenen Himmel zu betrachten, und fragt *Warst du das, Zo, hast du ihn da unten eingesperrt* und ich schüttele den Kopf so schnell von einer Seite zur anderen, dass Meerwasserperlen in hohem Bogen aufsteigen. *Er ist einfach ein Schisser* sage ich, und sie sieht mich merkwürdig an und gleitet davon.

Ich habe zu viele Pommes im Bauch, um weit hinauszuschwimmen, aber ich trete Wasser und spritze heftig und versuche meine Beine zu dehnen, als sie wieder anfangen zu brennen. Fidschi treibt weit hinten am Horizont, ungefähr eine Million Meilen entfernt.

TOM

Am Abend, nach dem Essen, verschwindet Zofia wie üblich hinunter an den Strand, und ich bin wie üblich allein.

Ich mache nur vier Papierkraniche, mehr brauche ich heute nicht so dringend. Die Panik schreit nicht so laut in mir, und auch das Bedürfnis, endlich meinen Wunsch aussprechen zu können, ist stiller geworden. Wenn die Panik sich in mir regt und aufsteigen will, stelle ich mir einfach ein Stück Holz vor, überlege mir, wie ich es hobeln und wie ich die Säge halten müsste, wie ich sie vor und zurück und vor und zurück und vor und zurück bewege, damit das Blatt sich nicht festbeißt und Ausrisse verursacht. Das Hin und Her der Säge in meinem Kopf deckt sich mit dem Kommen und Gehen der Wellen nicht weit unter meinem Fenster, und eine Zeit lang schlägt mein Herz ganz ruhig.

Am nächsten Tag ist wegen einer Lehrerfortbildung keine Schule, und ich bin heilfroh deswegen. Ich will die Klasse nicht mehr sehen, jetzt, wo sie alles über mich wissen. Zum ersten Mal habe ich das Gefühl, Freunde verloren zu haben. Bisher war es immer so, dass die Menschen, die etwas über mich herausgefunden hatten, sowieso keine Freunde waren, aber jetzt will ich nicht mehr zur Schule gehen, nicht mit dem Gefühl, dass irgendetwas verloren gegangen ist. Ich will einfach im Stall bleiben und mich darauf konzentrieren, aus dem Holz mit seiner Maserung und seinen Wirbeln etwas ganz Neues zu formen.

Ich bin noch dabei, meinen Toast mit Butter zu essen, als Marek uns erklärt, dass wir für das neue Boot noch Material besorgen müssen, Holz und Leim und sogenanntes Epoxidharz, einen Spezialleim, außerdem Schraubzwingen, weil die alten völlig verrostet sind. Lack brauchen wir auch, sagt er, als Schutz gegen das Salzwasser, und zwar hätten wir die Wahl zwischen dunklem und hellem Lack, es gäbe aber auch die Möglichkeit, das Boot farbig zu streichen. Ich wünsche mir hellen Lack, Zofia dunklen. Wir diskutieren darüber beim Frühstück, nur dass es eigentlich keine richtige Diskussion ist, denn als ich hellen Lack vorschlage, protestiert Zofia gleich lautstark. Marek droht ihr, sie ins Meer zu schmeißen, wenn sie weiter so herumschreit; das mit der Farbe könnten wir auch noch später entscheiden.

Wir fahren in Mareks Auto, ich sitze hinten, weil Zofia sich blitzschnell auf den Beifahrersitz geschmissen hat. Ich hätte gern, dass Mum mitkommt, aber sie muss wieder eine Million Sachen für das Baby vorbereiten. Das kleine gelbe Zimmer verändert sich mit jedem Tag. Es gefällt mir, dass alles so schön wird, aber gleichzeitig gibt es mir einen Stich ins Herz, weil ich nicht weiß, ob in diesem Zimmer je ein Baby schlafen wird.

Es gibt ein weißes Kinderbettchen, über dem ein Mobile mit Seevögeln hängt. In einer Kommode mit lauter Schubladen wartet schon jede Menge Babykleidung. Ein kleiner weicher Stoffmaulwurf sitzt im Bettchen und guckt, als wollte er gleich anfangen, einen Gang durch die Matratze zu graben. Ich fand einen Maulwurf ja ein bisschen ungewöhnlich für ein Baby, aber Marek fand ihn sehr witzig. Anscheinend hatten sie die Wahl zwischen einem Maulwurf oder einem Tintenfisch.

Zofia mag es gar nicht, wenn Mum oder Marek das Baby erwähnen. Sie versuchen immer wieder, mit ihr darüber zu sprechen, wie es sein wird, wenn das Baby da ist. Dass es schwach sein und eine Operation brauchen wird und dass wir nur hoffen hoffen hoffen können, dass der Eingriff gelingt. Aber Zofia hört gar nicht hin, sie trampelt mit den Füßen, ihr Gesicht eine einzige Gewitterwolke, ihre Augen wie zuckende Blitze am Himmel. Da ist so viel Wut in ihr. Es ist, als würde direkt unter ihrer Haut ein Feuer brennen, und jeden Moment könnten Funken fliegen.

Das Auto holpert die gewundene Uferstraße entlang, und sofort wird mir wieder schlecht. Früher musste ich mich im Auto oft übergeben; mein Vater wurde dann jedes Mal stocksauer und sagte, ich hätte ihm seine Sitze ruiniert, den Gestank und die Flecken würde man nie wieder rausbekommen.

Als er mich das erste Mal deswegen so anbrüllte, hat Mum gesagt, das sei nicht meine Schuld, so etwas würde nun mal passieren, wenn Leute wie er viel zu schnell fahren und viel zu plötzlich auf die Bremse treten. Was danach passierte, weiß ich nicht mehr. Es ist, als hätte mein Gehirn die Erinnerung daran einfach ausgeschnitten, klein zusammengefaltet und irgendwo versteckt, wo ich nicht dran kann. Ich weiß nur, dass Mum nie wieder zu Dad gesagt hat, irgendetwas sei seine Schuld gewesen. Stattdessen hat sie angefangen, Pläne zu schmieden.

Ich atme tief ein und suche mir einen festen Punkt am Horizont, doch auf diesen wilden Straßen mit all ihren Kurven verliert man ihn schnell. Als Marek einmal in den Rückspiegel schaut, treffen sich unsere Blicke für den Bruchteil einer Sekunde. Die nächste Kurve nimmt er viel vorsichtiger und langsamer, und mein Magen überschlägt sich nicht mehr.

Die Bootswerft ist unglaublich. Völlig anders als der Hafen unten mit seinen geschniegelten Booten, die wie Messer durchs Wasser schnitten und nur für den einen Tag hier vor Anker lagen. Auf der Werft hingegen ist alles so wie vor Jahr und Tag. Es riecht nach Teer und Lack und Leim und

Meer. Männer mit wettergegerbten Gesichtern, mit tiefen Falten in den Augenwinkeln, wo sich Salz abgelagert hat. Ihre Hände sind rau und rot, ihre Haut scheint aus anderem Stoff als meine eigene zu sein, ich fühle, wie mein Herz schneller schlägt, ich fahre zusammen, wenn sie einander über den tosenden Seewind hinweg mit donnernder Stimme etwas zurufen. Ich sehe zu, wie sie zähflüssige Lackfarbe auf Bootswände auftragen, die noch nie die Wellen gespürt haben, oder wie sie Holz zusägen, aus dem etwas völlig Neues werden wird, und ich kann gar nicht genug davon bekommen.

ZOFIA

Die Bootswerft ist total toll. Dicke, aufgerollte Taue, nach Meerwasser stinkende Hummerfallen, ein einziges Durcheinander von Holz und Netzen und knallroten Bojen, die in diesem Chaos leuchten wie Edelsteine. Gleich hinter der Werft liegt das offene Meer, doch hier ist es zugestellt mit tausend Fischerbooten, die auf den Wellen auf und ab schaukeln. Alle sind sie in unterschiedlichen Farben gestrichen. Kleine Bootsschwärme in Rot und Grün und Gelb, dazwischen immer wieder dunkles oder helles Holz oder Boote in Weiß-Blau. Manche Boote haben sorgfältige Schriftzüge an den Seiten, und ich weiß ja, dass Boote Namen haben, genau wie Menschen.

Tom steht da wie angewachsen und starrt die Fischer an, Männer mit knotigen Händen, die an alte Baumrinde erinnern. Dad ist schon auf dem Weg zu ihnen, mit einem langen Zettel in der Hand, der im Wind flattert wie Möwenflügel. Ich renne ihm nach, Tom folgt langsam. Er bewegt sich immer so vorsichtig, passt auf, wo er hintritt, sucht sich einen Weg zwischen Ölflecken und aufgerollten Tauen, während ich einen Metalleimer voller Krabben umrenne. Fünfzig Krabben zurück in einen Eimer zu befördern, in dem sie auch vorher schon nicht sein wollten, ist ziemlich mühsam, aber ich krieg's hin. Größtenteils. Ein paar hauen ab und verstecken sich unter dem Rumpf umgedrehter Boote. Im Grunde habe ich ihnen ja nur eine zweite Chance gegeben.

TOM

Wir kaufen jede Menge Zeug. Große Sperrholzplatten, mehrere Dosen Lack und eine fast neue Säge. Alles andere, was wir vielleicht sonst noch brauchen, leiht sich Marek von einem Mann namens Saul. Saul weiß so ziemlich alles über Boote und wie man sie baut; er sieht aus, als wäre er aus demselben Material gemacht. Ein knorriger, steifer, wettergegerbter Typ. Mit seinen schwieligen Fingern deutet er aufs Meer hinaus und zeigt uns, welche Boote er selbst gebaut hat. Sie dümpeln im Werfthafen, schlagen leise gegeneinander und fangen das Licht der Sonne auf. Manche haben blitzweiße Segel gesetzt, auf anderen liegen haufenweise Fischernetze, wieder andere haben Kajüten mit Fenstern, die knapp oberhalb des Wassers liegen. Richtig schön sieht das aus. Ich würde es Saul gerne sagen, aber ich finde meine Stimme nicht. Stattdessen sagt Zofia es ihm, und er grinst stolz und sagt, heutzutage könne niemand mehr ein anständiges Boot bauen. Dann schenkt er jedem von uns ein ekliges Bonbon, das nach Fisch und dem gesammelten Inhalt von Sauls Jackentasche schmeckt, außerdem einen Ein-Pfund-Schein, den wir aber sofort in eine Sammelbüchse werfen müssen, in der Geld für Rettungsboote gesammelt wird, Marek besteht darauf.

Zofia und ich helfen mit, alles zum Auto zu bringen. Meine aufgesprungenen Hände brennen beim Kontakt mit dem Holz, und ich verstehe, warum die Hände von Fischern so aussehen, wie sie aussehen. Es dauert ewig, bis alles mit blauem Seil auf dem Autodach festgezurrt ist, und als wir schließlich fertig sind, brennen meine Hände wie Feuer.

Auf dem Rückweg geht Marek viel langsamer als vorher in die Kurven. Zofia will, dass er Gas gibt wie ein Rennfahrer, doch Marek schüttelt den Kopf und sagt, er muss vorsichtig fahren, damit uns das Holz nicht vom Autodach rutscht. Ich fühle mich wieder hin- und hergerissen, einerseits will ich nicht schon wieder Schwierigkeiten machen, andererseits will ich mich auch nicht im Auto übergeben. Zofia schimpft leise vor sich hin, doch als wir dann vor dem Cottage anhalten, ist sie wieder ganz wild darauf, das Boot zu bauen. Ihre Laune kann von jetzt auf gleich umschlagen.

ZOFIA

Wir bringen alle unsere Einkäufe für das neue Boot in den Stall. Ich bin immer noch dabei auszuspucken, um den Geschmack von Sauls Bonbon loszuwerden, diese Kombination aus Flusen und Lack, Staub und Fisch. Bei den sperrigen Holzplatten bin ich keine große Hilfe. Aber ich erhole mich gerade so weit, dass ich die Schraubzwingen und den Leim und eine Handvoll Hämmer tragen kann, während Dad und Tom den Rest erledigen. Tom überrascht mich wirklich. Obwohl er so klein ist, kann er einfach alles tragen. Als hätte er eine unsichtbare Kraft in den Muskeln. Seine Miene ist angespannt, Schweißtropfen laufen ihm übers Gesicht, doch er macht immer weiter. Als wir aufhören, sieht er sich kurz seine blutig aufgeschürften Hände an, die voller Blasen sind. Wenn *meine* Hände so aussähen, hätte ich sofort Schokolade und ein Smiley-Pflaster zum Trost verlangt, Tom hingegen wischt sich nur die Hände an der Hose ab und geht in den Stall.

Es gibt einen kleinen Imbiss mit O-Saft und Oreos. Tom isst die Kekse wie ein richtiges Sandwich, das heißt, er friemelt sie nicht auseinander und leckt die Füllung ab, wie jeder normale Mensch es tut. Jedenfalls mache *ich* das so. Und Dommo auch. Ich würde ihm gern klarmachen, dass sie auf meine Art viel besser schmecken, vor allem wenn man sie dann noch in den Saft taucht, sodass man Schoko-O-Saft hat, aber er schaut kein einziges Mal in meine Richtung.

Warum soll ich mir überhaupt die Mühe machen?

Dann machen wir uns wieder an das Boot. Dad hält uns einen ziemlich langweiligen Vortrag darüber, was jetzt als Nächstes ansteht. Er zeigt uns Pläne auf Papier, die Saul ihm mitgegeben hat. Schon bald bin ich in Gedanken ganz woanders. Ich stelle mir vor, wie es wäre, für ein Jahr und einen Tag davonzusegeln, aber nicht mit einer Eule wie in dem berühmten Gedicht von Edward Lear, das Dad mir oft vorgelesen hat. Ich würde einen Hund und ein Kätzchen mitnehmen und einen Jahresvorrat an Oreos, ganz bestimmt aber keinen Krug Honig wie die Tiere im Gedicht, das wäre ja wirklich höchst seltsam als Proviant für eine Seereise. Wofür ich überhaupt Geld brauchen sollte, weiß ich zwar nicht, aber ich habe zweiunddreißig Pfund und achtundsechzig Pence in meiner Spardose, die nehme ich für alle Fälle mal mit, und während die Sterne Löcher in den Himmel bohren, lasse ich mich vom Meer in den Schlaf wiegen.

TOM

Ich glaube, Zofia hört überhaupt nicht zu, wenn Marek uns etwas erklärt. Ich schon. Ich achte auf jedes Wort und speichere es in meinem Gehirn ab, damit ich es später hervorholen und näher ansehen kann. Mit den Augen folge ich Mareks Finger, während er uns auf dem Papier, das er von Saul bekommen hat, auf bestimmte Zeilen, Punkte und Schrägstriche hinweist. Seine Stimme ist so angenehm, sie zieht mich an wie ein Magnet, und bald bin ich ganz versunken in seinem Vortrag. Alles andere verblasst daneben.

Wir müssen das gerade Heck unseres Bootes noch einmal ganz neu bauen. Marek nennt es das *Hinterteil* des Bootes, und Zofia kriegt einen hysterischen Lachanfall. Anschließend setzen wir die Seitenteile zusammen und bringen zur Verstärkung Schraubzwingen an, bevor als Letztes der Bug an die Reihe kommt. Anschließend wird das ganze Boot umgedreht, und wir bringen den Rumpf an. Alle Nähte, die das Boot zusammenhalten, müssen mit diesem speziellen wasserdichten Leim verklebt werden. Das ist leichter gesagt als getan. Marek sagt immer wieder, dass es nur ein ganz einfaches Boot wird, keins für alle Ewigkeit, aber es wird bestimmt großartig. Und langsam halte ich das sogar für möglich.

ZOFIA

Unser Boot wird megaschön. Erst haben wir einen ganzen Tag lang Sägen gelernt (was zwischendurch einen Grundkurs in Erster Hilfe nötig machte), dann haben wir das neue Heck mit den Seiten verbunden. Die Nähte machen wir nicht mit Nadel und Faden, was schon mal eine große Erleichterung für mich war, sondern mit Fischleim, der so stinkt, wie er heißt, sowie mit einer ganzen Menge Schraubzwingen, die alles zusammenhalten. Ich hab beim Leimen nicht gut aufgepasst und hätte mich um ein Haar selbst an einem Stück Holz festgeklebt. Aber Tom hat es gemerkt und uns gerade noch rechtzeitig auseinandergerissen, bevor der Leim trocken war. Er hat auch nur ganz kurz gelacht und dann beide Seiten festgehalten, sodass ich den Leim an den Rändern entlang auftragen konnte. So habe ich's am Ende doch noch ganz ordentlich hinbekommen.

Mir ist heiß, ich fühle mich klebrig und müde, außerdem stinke ich nach Fisch und nach Holz und nach harter Arbeit. Also verdrücke ich mich unauffällig und renne hinunter zum Strand, bevor Dad mich ermahnen kann, hinter mir aufzuräumen, die Leimpinsel auszuwaschen und alles an seinen Platz zurückzustellen, statt, wie vernünftige Menschen, alles einfach stehen zu lassen, wo es gerade ist, dann hat man es beim nächsten Mal griffbereit. Ich ziehe mich bis auf T-Shirt und Unterhose aus und stürze mich ins Wasser.

Ich muss mehr trainieren. Eindeutig. Es kommt mir so vor, als würde ich mit jedem Mal schlechter. Aber statt eifrig in Richtung Fidschi zu schwimmen, drehe ich mich auf den Rücken und starre hinauf zum riesigen, leuchtend blauen Himmel über mir und lasse mich von den Wellen schaukeln. Ich muss nichts weiter tun, nur ab und zu ganz leicht die Arme oder Beine bewegen, damit ich nicht von einer Welle gepackt werde und an irgendwelchen Felsen hängen bleibe. Und dabei merke ich auf einmal: Da ist ja gar nicht mehr dieses Brennen wie von einer Qualle auf meiner Haut und auch nicht das Gewicht des Meeres auf meiner Lunge. Ich fühle mich wieder so wie früher im Wasser. Ich fühle mich ruhig.

Irgendwann kitzelt mich etwas im Nacken, und ich glaube nicht, dass es ein freundlicher Einsiedlerkrebs ist. Es fühlt sich an, als wären Augen auf mich gerichtet, und das gefällt mir überhaupt nicht, schließlich bin ich hergekommen, weil ich allein sein wollte. Ich drehe mich zurück auf den Bauch und schaue zum Strand hinüber. Ganz vorn am Wasser steht Tom und taucht die Zehen vorsichtig in die auslaufenden Wellen. Als Pablo mich sieht, fängt er fröhlich an zu bellen; dann kommt er auf mich zugerannt, Sand und Wasser fliegen in Spiralen um ihn herum, und er spritzt Tom voll. Ich muss laut kichern, Tom hat es ganz bestimmt gehört, aber es war wirklich lustig, und er grinst ein bisschen und klopft sich den Sand vom T-Shirt mit seinen Händen, die immer noch voller Blasen sind.

Komm doch rein rufe ich und überrasche mich damit wieder einmal selbst. Wieso sollte ich ihn überhaupt hierhaben wollen, in meinem Meer? Aber Tom schüttelt sowieso schon den Kopf und ruft *Hab keine Badehose dabei* und ich werfe beide Arme hoch in die Luft, ich schwimme doch auch bloß in einem papageienroten T-Shirt und einer Unterhose, und außerdem wohnen wir gerade mal dreißig Sekunden vom Strand entfernt. Aber das Meer und der Himmel und der Hund und das Boot haben mir gute Laune gemacht, also paddele ich zurück ans Ufer und setze mich zu ihm in den Sand.

Einen Moment lang macht er ein Gesicht, als würde er sich am liebsten ins Meer stürzen, aber als Pablo zu uns zurückkommt und sich so kräftig schüttelt, dass der halbe Ozean auf uns landet, da muss Tom auch lachen, und seine Miene ist ganz entspannt. Ich werfe Pablo etwas Seetang hin, und dann sitzen wir eine ganze Weile einfach still da und schauen den Wellen zu, die nach und nach immer mehr Sand schlucken.

TOM

Obwohl der Wind kräftig peitscht, das Meer rauscht und die Möwen kreischen, liegt Ruhe über diesem Ort. Zofia sitzt neben mir, von Zeit zu Zeit wirft sie Pablo etwas Seetang hin, ansonsten starrt sie auf den Horizont, und ausnahmsweise einmal stürzen ihre Gedanken nicht alle gleichzeitig in einem einzigen Kuddelmuddel vom Gehirn in den Mund. Sie hat mich nicht einmal ausgelacht wegen der Sache auf Nathans Boot, dabei ist das nun schon zwei Tage her. Ich hatte fest damit gerechnet, aber bis jetzt hat sie kein Wort gesagt. Sie hat zwar etwas muffig eine Entschuldigung gemurmelt, weil sie mich aufs Straßenpflaster gestoßen hat, aber über das, was mit mir los war, nachdem ich wieder ans Licht kam, darüber hat sie nicht eine Silbe verloren. Ich war mir sicher gewesen, sie würde lachen.

Dieses geteilte Schweigen zwischen uns gefällt mir. Es fühlt sich so an, als hätte sich irgendetwas zwischen uns verändert. So als würden Ebbe und Flut sonst ständig abwechselnd an uns ziehen und zerren, aber für diesen kurzen Moment ist alles einmal gleichmäßig ruhig.

Zofia starrt hinüber zu der kleinen Ansammlung dunkler Felsen mit spitzen Zacken, die sich wie Seeungeheuer aus den Wellen erheben. Die Zacken sind übersät mit Flaggen in leuchtenden Farben, die dem Atem des Windes folgen. *Wofür sind die* frage ich und zeige mit dem Finger hinüber.

Oh. Nur dieser kleine Ton. Das ist bloß Fidschi. Die Fähnchen gehören Leuten, die hingeschwommen sind, so eine Art Beweis dafür, dass sie es geschafft haben. So als würde dir auf die Weise ein winziges Stück vom Felsen gehören. Ganz allein dir.

Ich sehe mir die Fähnchen genauer an, es sieht fast so aus, als würden sie in Richtung Himmel schwimmen. Ich wüsste gern, welches Zofias ist, und frage sie, und von jetzt auf gleich verschließt sich ihr Gesicht. Schon braut sich in ihren Augen ein Unwetter zusammen, doch dann blinzelt sie, und die dunklen Wolken werden ein kleines bisschen heller. Sie zuckt mit den Achseln und sagt *Von mir gibt's da noch keine, war mir zu viel Stress. Eilt ja auch nicht, ich mach's irgendwann diesen Sommer, die meisten von uns waren noch nicht da, ist ja auch echt weit weg* und je mehr sie redet, umso klarer wird mir: Es gibt nichts auf der Welt, was ihr wichtiger wäre.

ZOFIA

Ich wünschte, ich hätte ihm nicht von den Felsen erzählt. Fidschi gehört ganz allein mir, es ist das Einzige, was ich habe, das ich nicht mit ihm teilen muss, und jetzt weiß er alles darüber. Aber während das langsam verblassende Licht den Himmel in das Dunkelviolett von Blutergüssen taucht und das Meer in Abendfarben blüht, merke ich, dass es mir eigentlich gar nicht so viel ausmacht. Wir sitzen am Strand und reden über das Boot und darüber, wie lange es wohl dauert, bis der Leim trocknet und das Holz zurechtgesägt und in seine endgültige Form gebracht ist, und es fühlt sich gar nicht so an, als würde ich mit einem Schisser reden, der mir mein Leben gestohlen hat, sondern mit jemandem, der einfach nur ein Teil von diesem Leben ist.

TOM

Ich falte nur fünf Papierkraniche vor dem Einschlafen, und es brennt auch nur ein Licht im Kampf gegen die Dunkelheit, die aus dem Boden kriecht. Anscheinend brauche ich nicht immer gleich viel Zeit, um mich halbwegs entspannt in meine Träume fallen zu lassen, im Gegenteil, das ist ein Auf und Ab, ein Vor und Zurück. Wie bei den Wellen, auf die ich aus meinem Fenster schaue. Ich bastle noch schnell ein ganz kleines Boot aus Papier und lasse es seinen Schatten auf meine schiefen Wände werfen. Wie eine gewaltige, gespenstische Galeone, die einem grauen Horizont entgegensegelt, sieht der Schatten aus. Ich betrachte den sanft leuchtenden Regenbogen und mache mir Sorgen, weil ich morgen wieder zur Schule muss und darüber, was die anderen wohl mitbekommen haben.

Am nächsten Morgen kommt Mum zu mir rein, umarmt mich fest und sagt mir, ich sei ein ganz toller Junge, und ich lehne mich in ihre Wärme und fühle die Tritte des Babys zwischen uns. Was sich großartig anfühlt, aber gleichzeitig auch erschreckend. Ich frage mich, wie etwas, das in so einem Zwischending zwischen Leben und Tod hängt und ein Fragezeichen hinter der Frage nach unserer Zukunft bildet, so strampeln kann. Das Baby ist ganz allein da im Dunkeln, will sich aber bemerkbar machen.

Mum schenkt mir ein paar Pantoffeln mit Affenköpfen, genau solche, wie Cameron sie hat. Manchmal glaube ich wirklich, sie kann Gedanken lesen. Aber es gibt auch Dinge, die falte ich so klein und verstecke sie, dass sie unmöglich davon wissen kann, und genauso will ich es auch haben.

Ich stecke die Pantoffeln behutsam in meinen Rucksack, dann setze ich mich an den Tisch und esse Toast mit Erdnussbutter. Zofia streicht fingerdick Marmite, ihren Lieblingsaufstrich, auf den Toast, sodass ich annehme, sie hat es mit Nutella verwechselt. Aber keine fünf Sekunden später hat sie ihren Toast schon verdrückt und macht sich gleich den nächsten. *Machen wir heute Abend mit dem Boot weiter* fragt sie dann, und ich nicke, denn der Gedanke an das Boot ist an diesem düsteren Tag wie ein hell leuchtendes Licht. Bis heute Abend wird der Leim getrocknet sein, und ich mache mir im Kopf schon mal eine Liste von all den Dingen, die wir als Nächstes tun müssen, und so sind die Gedanken an die Klasse vertrieben.

ZOFIA

Tom geht. Sehr. Sehr. Sehr. Langsam. Meiner Meinung nach hätte ich eine Medaille verdient oder wenigstens eine Urkunde dafür, dass ich ihn noch nicht ins Meer geschubst habe. Für mich gehören Leute, die schleichen, wenn sie stattdessen rennen oder hüpfen oder springen oder Salto schlagen könnten, zum Nervigsten, was es überhaupt gibt. Ich funkle ihn ein paar Mal böse an und knurre leise, aber irgendwann brülle ich *Kannst du mal bitte in die Gänge kommen, du Schnecke* und er kommt angetrabt wie ein verschüchtertes Pony.

Unsere Klasse spielt mal wieder Himmel und Hölle auf dem Schulhof, denn Mo bildet sich ein, eine echte Chance auf den nächsten Weltrekord zu haben. Alle haben sich um das Spielfeld versammelt und feuern ihn an, und bloß wegen Trantüten-Tom haben wir offenbar etwas Entscheidendes verpasst. Ich laufe also vor, Tom bleibt zurück, und als ich mich nach ihm umschaue, sehe ich seine Finger, die auf beiden Seiten tanzen. *Mach schon, du lahme Ente* brülle ich, und Cameron dreht sich um und ruft *Ja, mach schon, du lahme Ente.* Mo hat gerade einen kompletten Durchgang in *zwei Minuten fünfunddreißig* geschafft. Was übrigens etwa dreimal so lang ist wie der aktuelle Weltrekord.

TOM

Niemand lacht mich aus. Niemand macht einen Bogen um mich und lässt mich im Abseits stehen, allein. Niemand zeigt mit dem Finger auf mich oder flüstert hinter vorgehaltener Hand. Niemand wirft mir Wörter an den Kopf wie Freak oder Heulsuse oder Schisser oder Schlimmeres. Niemand verhält sich so, als hätte sich auch nur das kleinste bisschen geändert. Nur ich fühle mich, als hätte auf Nathans Boot jemand sämtliche Hautschichten von mir abgeschält, sodass alle direkt in mich hineinsehen konnten. Sie wissen Bescheid. Bis dahin konnte ich einfach Tom sein, keiner wusste etwas. Jetzt schon. Und ich kann nichts daran ändern. Von jetzt an werde ich immer der Schisser sein, die Heulsuse, genau wie mein Dad immer gesagt hat.

Ab jetzt wird alles anders. An Camerons Seite gehe ich mit hängendem Kopf ins Schulgebäude. Das Herz schlägt mir donnernd bis zum Hals.

ZOFIA

Tagelang machen wir nichts anderes, als weiter am Boot zu arbeiten. Boot Boot Boot Boot Boot. Mir bleibt überhaupt keine Zeit mehr für mein Schwimmtraining oder mein Unterwasseratmen, ständig heißt es Boot hier und Boot da. Die Abmessungen zu kontrollieren ist eine mühsame Sache, aber anscheinend wirklich wichtig. Tom liebt es, das ist nicht zu übersehen, er und das Maßband sind praktisch beste Freunde, bestimmt schläft er mit dem Ding unterm Kissen, bestimmt hat er ihm längst einen Namen gegeben wie *Mike* oder *Gary*, vielleicht auch *Manuel Maßband*.

So langsam sieht das Ding auch mehr nach einem Boot aus. Inzwischen haben wir es umgedreht, so konnten wir den Rumpf anbringen. Unser Boot sieht definitiv vielversprechender aus als Dads erster Versuch, womit ich nicht sagen will, dass Dad uns viel geholfen hat, was vermutlich auch genau der Grund ist. Ursprünglich hatte er gesagt, er würde uns helfen, aber tatsächlich war er immer viel zu beschäftigt mit irgendwelchen langweiligen Dingen im Haus oder langweiligen Dingen bei der Arbeit. Die Dinge im Haus haben alle mit dem blöden Baby zu tun, aber ich frage nicht nach, ich will gar keine Einzelheiten wissen, das gibt mir nur einen Stich ins Herz.

Tom will noch bleiben und weiter die verschiedenen Teile nachmessen, aber ich gehe schon mal ins Haus. Fiona sitzt im Wohnzimmer und faltet winzig kleine Strampler, und plötzlich fühle ich mich, als wäre ich auf dem Weg zum Fidschi und mit einem Mal klebten lauter Quallen an mir, während das Meer in meine Lunge eindringt, was natürlich absoluter Quatsch ist, schließlich stehe ich an Land und auf festem Boden.

Fiona sieht meinen Blick, aber statt dass sie mich so etwas Blödes fragt wie, ob ich ihr helfen will, geht sie zum Kühlschrank und nimmt zwei Milchshakes heraus, dann setzt sie sich aufs Sofa und fragt, ob ich Lust hätte, mit ihr zusammen einen Ghibli-Film zu schauen. Sie hat noch nie einen gesehen, sagt sie, allen Ernstes, also lege ich meinen Lieblingsfilm ein, *Das wandelnde Schloss*. Wir sitzen nebeneinander, wenn auch nicht allzu nah, und schauen den Film schweigend an. Am Ende sagt Fiona, das sei einer der besten Filme gewesen, die sie je gesehen habe.

TOM

Es sind immer noch zwei Monate, bis das Baby zur Welt kommen soll, aber sein Zimmer ist trotzdem schon so gut wie fertig. Mum und ich kleben Leuchtsterne an die Decke, solche wie in meinem Zimmer, und mir gefällt der Gedanke, dass wir beide das gleiche Licht haben werden. Mum schaut sich immer wieder in dem Zimmer um und sagt *Irgendetwas fehlt.*

Ja, das Baby sage ich, und fast bleibt mir das Herz stehen, denn was wird, wenn das Baby für immer fehlen wird? Doch sie lacht nur und tippt mit einem Finger an das Mobile, sodass die Vögel aufgeregt im Kreis herumfliegen. Doch dann legt sie sich eine Hand auf den Bauch und sieht auf einmal so müde aus, dass ich ihr helfe, winzig kleine Schlafsäcke in der Kommode zu verstauen. Einige von ihnen haben aufgestickte Monde und Sterne, andere haben Muster aus kleinen Meerestieren, und einer hat Wolken, einen Blitz, Regentropfen und einen Regenbogen. Der gefällt mir besonders. Alles ist so unglaublich klein, und mir fällt wieder die Mütze ein, die Mrs Adams gestrickt hat, also laufe ich in mein Zimmer und hole sie. Ich gebe sie Mum, und sie sagt *Oh, die passt ja perfekt zu den Wänden* und *So winzig* und ich nicke und bin auf einmal richtig aufgeregt.

ZOFIA

Dommo und ich lassen ihren Drachen fliegen, aber eigentlich haben wir zu wenig Wind. Ich renne, so schnell ich kann, halte die Leine fest, Dommo wirft den Drachen hoch, und das Vogelwesen tanzt ganze drei oder vier Sekunden in der Luft, bevor es auf unseren Köpfen landet. Dann holen wir unsere Neoprenanzüge, rennen ins Meer, strampeln vorwärts in Richtung Fidschi, wir lachen und spritzen uns nass, und es ist mir ganz egal, wenn wir es an diesem Tag nicht schaffen, ich drehe und wende mich, und dieses Mal friere ich nicht in dem eisigen Wasser. Mit blauen Lippen und zitternd stolpern wir schließlich zurück an den Strand, doch mir ist warm.

Den ganzen Nachmittag habe ich nicht an das Baby oder an Tom oder Fiona gedacht.

TOM

Mum und ich spielen fast den ganzen Nachmittag Mario Kart. Eigentlich gehört das Spiel Zofia, und ich mache mir schon Sorgen, weil wir nicht gefragt haben und sie wieder am Strand ist, aber Marek meinte, das sei schon in Ordnung. Ich bin dieser witzige Waschbär, und Mum ist einer der Pilze, und wir rasen über merkwürdige Rennstrecken und bewerfen einander mit allen möglichen Gegenständen. Anfangs bin ich nicht sehr gut darin, aber meine Finger lernen die richtigen Bewegungen schnell, so wie sie auch gelernt haben, Origamifiguren zu falten. Ich schleudere um die Kurven und bekomme Turbos, mit denen ich über die Ziellinie schieße, während Mum es jedes Mal erst nach mir ins Ziel schafft. Es macht ihr aber auch nichts aus.

Irgendwann hören wir einen dumpfen Aufprall und ein Krachen und all die anderen Geräusche, die normalerweise Zofia ankündigen. Sie geht erst duschen, dann kommt sie ins Wohnzimmer, und ich bin sicher, gleich schreit sie uns an, weil wir ihr Spiel gespielt haben. Doch sie wirft nur einen Blick auf den Bildschirm und sagt *Fiona, stimmt das, du hast jedes einzelne Spiel verloren? Das ist auch eine Art Rekord* und Mum lacht. Zofia holt sich einen zusätzlichen Controller und setzt sich neben Mum und zeigt ihr, wie sie die Turbos bekommt und welche besonderen Abkürzungen sie nehmen kann, und sie wird auch nicht sauer, wenn Mum vergisst, welchen Knopf sie drücken muss, oder wenn sie, statt einen Satz nach vorn zu machen, von der Rennstrecke kippt. Sie zeigt es ihr einfach immer wieder neu und klatscht begeistert in die Hände, als Mum es tatsächlich schafft, vor mir auf den ersten Platz zu kommen. Dann spielen wir alle noch mal zusammen, Zofia und ich kämpfen um den ersten Platz, und sie gewinnt einmal und ich zweimal. Im letzten Durchgang schießt Mum im letzten Moment an uns beiden vorbei, und sie jubelt und legt einen kleinen Siegestanz hin, bei dem Zofia und ich uns halb totlachen.

Während Mum und Marek das Abendessen vorbereiten, gehen Zofia und ich in den Stall, um noch ein paar Bretter für das Boot zuzusägen. Für eine Weile fühlt es sich so an, wie ich es mir in einer guten Familie vorstelle.

Für eine kleine Weile.

ZOFIA

Als in unserer Doppelstunde Mathe die Schulsekretärin den Kopf zur Tür hereinstreckt und Tom und mich bittet, mitzukommen, da vollführe ich – erst im Kopf und dann in echt – einen kleinen Freudentanz. Etwas Besseres kann einem doch gar nicht passieren, als gleich doppelt Mathe zu verpassen, bloß weil Dad vielleicht vergessen hat, das Formular für unseren Schulausflug zu unterschreiben, wenn wir Fossilien suchen gehen, oder das Essensgeld rechtzeitig zu überweisen. Wenn es sein muss, auch für einen Läusecheck. Ich hüpfe den Flur entlang und trainiere dabei meine Fußtechnik für Himmel und Hölle, denn Mo findet sich inzwischen besser als jedes der Mädchen und tönt laut damit herum. Tom bewegt sich wie immer im Schneckentempo. Würde ich ihn nicht besser kennen, würde ich glauben, er will möglichst viel Mathe verpassen. Aber Tom liebt Mathe. Ich drehe mich zu ihm um. Sein Gesicht ist weiß wie Papier, und seine Hände flattern wieder so merkwürdig. Sorgen Sorgen Sorgen. *Es geht doch nur um ein vergessenes Formular* zische ich ihm zu, doch er sieht kein bisschen froher aus. Er muss wirklich schlechte Erfahrungen gemacht haben mit vergessenen Formularen.

TOM

Wieder dieser Moment. Diese herzschlaglange Stille vor dem großen Knall. Ich spüre regelrecht, wie sie um mich herumwirbelt wie kalter Wind.

So bin ich schon öfter durch Schulflure gelaufen. Das erste Mal, das war, als mein Vater auf Mum losgegangen ist und sie verletzt hat. Dann wieder, als wir weggelaufen sind und Mum mich heimlich von der Schule abgeholt hat. Das nächste Mal, als mein Vater verhaftet wurde. Und noch einmal, als er ins Gefängnis gebracht wurde und man mir versprach, dass er sehr lange nicht freikommt.

Das war das bisher letzte Mal, dass ich so durch einen langen Flur gelaufen bin, noch an meiner alten Schule, aber es ist trotzdem immer dasselbe. Es fängt jedes Mal damit an, dass du plötzlich aus dem Unterricht gerufen wirst und alle dich anstarren und zu flüstern beginnen. Dann gehst du durch diese langen Korridore, in denen man die Stille regelrecht hören kann, weil alle anderen in ihren Klassenräumen sitzen und das tun, was Kinder normalerweise in der Schule so tun. Dann wirst du ins Büro der Schulleiterin gebracht, was eigentlich etwas Besonderes sein könnte, dir in diesem Moment aber Angst macht. Dann sitzt du auf einem kratzigen Stuhl. Dann sprechen sanfte Stimmen leise Worte, die bei dir einschlagen wie Eisen.

Zofia weiß es noch nicht, aber ich: Etwas Schreckliches ist passiert. Sie hüpft fröhlich voraus und ruft, ich soll mich beeilen. Ich will mich aber nicht beeilen. Ich habe es nicht eilig, diese Worte zu hören, mit denen alles anders wird.

ZOFIA

Ms Laghari sitzt in ihrem Büro hinter ihrem Schreibtisch. Wenn ich sonst bei ihr im Büro saß, wusste ich immer ganz genau, weswegen ich Ärger bekam. Ich finde es auch heute noch kindisch von Leo, zu glauben, dass der Reispudding allen Ernstes Froschlaich war, deswegen hätte er nicht gleich über den ganzen Tisch zu kotzen brauchen, und Dommo und ich hatten wirklich nicht vor, den ganzen Kunstraum neu zu streichen, nur weil wir etwas über einen Maler namens Jackson Pollock gelernt hatten und fanden, solche Bilder wie die von ihm könnten wir locker auch selbst malen. Aber Ms Lagharis Miene ist anders als damals. *Setzt euch* sagt sie *setzt euch, ich muss euch etwas sagen* und plötzlich fühle ich wieder diese Quallen auf meiner Haut.

TOM

Sie lassen uns nicht gleich ins Krankenhaus. Erst holt uns Dommos Mutter ab und bringt uns nur fast bis nach Hause, nämlich nach nebenan, in ihr eigenes Haus. Dommos Haus ist ganz anders als unseres. An jeder der schiefen Wände hängen Bilder, überall quellen Pflanzen aus Töpfen, hängen von Regalen herunter. In der Schule konnten wir nicht bleiben, wegen des Notfalls in unserer Familie, aber aus demselben Grund sollten wir auch nicht nach Hause. Also sitzen wir hier, Zofia isst einen Oreo nach dem anderen, so als hinge ihr Leben davon ab, und ich folge mit den Blicken dem Dampf, der aus dem stark gesüßten Tee aufsteigt, von dem Dommos Mutter sagt, er würde mir guttun, den ich aber nicht herunterkriege.

Es ist, als wäre die ganze Welt auf einmal von einer Flutwelle mitgerissen worden. So klein ist sie schon und so weit entfernt, nur wir sind übrig geblieben. Nur ich und Zofia und Dommos Mutter und Pablo, allein am Ende des Universums.

Wir sitzen einfach da und warten auf Nachrichten. So rumzusitzen ist schrecklich, gleichzeitig aber auch furchtbar langweilig. So viele Stunden lang kann die schleichende Panik nicht immer weiter durch meine Knochen kriechen und zubeißen. Sie tut ihr Bestes, ich atme kurz und scharf ein, meine Finger zittern, und ich falte, ohne darüber nachzudenken, ein Blatt Zeitungspapier zu einem Quadrat. Während meine Finger den vertrauten Linien und scharfen Knicken folgen, steigen Gefühle von Panik und Schuld in mir auf. Warum habe ich nicht von Anfang an alle meine Kraniche dafür gefaltet? Vom ersten Moment an, als sie es mir gesagt hat. Aber ich war so dumm und so selbstsüchtig. Jetzt ist es meine Schuld, dass das Baby zu früh zur Welt gekommen und so schwach ist. Ich falte den Kranich zu Ende und dann noch einen und noch einen. Noch kann ich es wiedergutmachen. Noch ist Zeit.

ZOFIA

So viele Oreos, wie ich gegessen habe, davon könnte einem schon schlecht werden, aber ich bin mir gar nicht so sicher, ob wirklich die Kekse schuld sind. Tief in meiner Magengrube sitzt ein banges Gefühl, und es verschwindet einfach nicht, ganz egal, wie viele von den Dingern ich mir reinziehe. Meine Gedanken kreisen um *was wenn* und *wie* und *was passiert da gerade*, und mir wird ganz schwindelig von so vielen Fragen. Sie türmen sich in meinem Gehirn zu einem Berg auf, und irgendwann dröhnt mir so der Kopf, dass ich überzeugt bin, gleich platzt er. Etwas nagt an mir, so ähnlich, wie wenn ich versuche, zu den Fidschifelsen zu schwimmen, nur noch tausendmal schlimmer. Mit jeder Sekunde, die vergeht, wächst dieses Etwas in mir und drängt nach vorn, und ich fürchte, irgendwann bohrt es sich durch meine Haut und verwandelt mich in ein Monster. Gewünscht habe ich es mir, wieder und wieder und wieder, dass das Baby verschwindet. Ich habe es mir gewünscht, und jetzt wird mein Wunsch vielleicht wahr.

Tom faltet einen Vogel aus Zeitungspapier, und ich sehe seinen geschickten Fingern zu, wie sie erst Flügel falten, dann einen Schnabel und schließlich den langen Hals, es ist reine Zauberei. Er stellt ihn auf den Couchtisch, und ich greife danach und halte ihn ans Licht. Die Knicke sind ganz scharf, aber gleichzeitig so fein, dass man den Vogel für weich und gefiedert halten könnte. Tom greift nach dem nächsten Blatt Papier und sagt *In Japan glauben die Menschen, dass sie bei den Göttern einen Wunsch frei haben, wenn sie tausend Kraniche aus Papier gefaltet haben* und schon falten seine geschickten Hände den nächsten Vogel.

Zeig mir, wie das geht sage ich.

TOM

Zofia ist nicht gerade geschickt darin, Kraniche zu falten. Vor ein paar Wochen hätte mich das insgeheim total gefreut, aber heute empfinde ich gar nichts. Stattdessen zeige ich ihr immer wieder, wie ein perfekter Knick aussieht und in welcher Reihenfolge man wie faltet. Sie schimpft leise vor sich hin, ihre Augen blitzen auf diese gefährliche Weise, aber ich kümmere mich nicht darum, falte nur immer wieder dieselben Linien, und irgendwann, als schon ein ganzer Haufen Schneebälle aus zerknülltem Papier vor ihr liegt, hält sie ihren ersten selbst gefalteten Kranich in der Hand. Etwas gerupft sieht er aus, so als müsste man dringend mit ihm zum Tierarzt, doch sie streichelt ihm mit ihrem Daumen über den schiefen Kopf und greift nach dem nächsten Blatt. Ich würde so gern nach nebenan gehen und mein richtiges Origamipapier holen, aber ich will nicht in das leere Haus gehen und all den leeren Raum sehen, also falten wir weiter unvollkommene Kraniche aus unvollkommenem Zeitungspapier und versuchen, einem unmöglichen Wunsch näher zu kommen.

ZOFIA

Kraniche aus Papier, das geht eigentlich gar nicht. Ich kann rennen und springen und sprinten und schwimmen und sechs Räder hintereinander schlagen, und ich bin ganz nah daran, meinen Salto rückwärts zu perfektionieren, aber das hier, das ist unmöglich. Meine Finger tun einfach nicht, was mein Gehirn ihnen sagt, und ich zerknülle ein Blatt nach dem anderen. Während Toms Knicke perfekt sind, werden meine schief und krumm, und die Ecken hängen runter, aber Tom zeigt mir jeden Schritt aufs Neue, so oft ich frage, und es erinnert mich an damals, als Dad und ich versucht haben, Pablo Befehle wie *Sitz!* und *Platz!* beizubringen. Damals bin ich vor lauter Verzweiflung oft weggerannt. Tom dagegen wiederholt jeden Schritt immer wieder mit seinen geschickten Fingern, und ich beiße die Zähne zusammen und falte weiter. Nach ungefähr einer Million Stunden wächst aus meinen Händen tatsächlich ein etwas kläglicher Vogel mit gebrochenem Genick, und das ist schon ziemlich cool.

Dad ruft an, gerade als Dommos Mutter mit den Vorbereitungen fürs Abendessen anfängt. Ich weiß, dass er es ist, noch bevor das erste Läuten an den Steinmauern abprallt, und ich springe auf, schnappe mir das Telefon und sage *Dad Dad was ist los?* Ich höre mich an wie eine Fremde, meine Stimme klingt ganz fremd, panisch, völlig verkrampft.

Während ich lausche, zerdrücken meine Finger den Kranich in meiner

Hand, und als ich den zerknautschten Vogel sehe, wird mir erst recht schlecht. Ich gebe das Telefon an Tom weiter und setze mich aufs Sofa.

Fiona geht's so weit gut. Das Baby ist da. Zwei volle Monate zu früh. Winzig. Es atmet, aber es ist sehr krank. Nein, nicht *es*!

Sie.

Sie.

Sie.

Ich habe eine Schwester.

Ich nehme mir ein neues Stück Papier und beginne noch mal von vorn.

TOM

Wir bleiben über Nacht bei Dommo. Sie ist sehr still, als sie aus der Schule kommt, versucht auch nicht, Zofia zu einem Ringkampf oder einem ihrer sonstigen Regentagespiele zu überreden, bei denen sich gewöhnlich mindestens eine von ihnen fast ein Bein bricht. Stattdessen setzt sie sich zu uns aufs Sofa. Viel zu sagen haben wir einander eigentlich nicht. Als sie das Durcheinander von Vögeln auf dem Couchtisch sieht, fasst sie einen zwischen zwei Fingern und bewegt ihn so schnell, dass es aussieht, als könnte er tatsächlich fliegen. Ich nehme ein frisches Blatt vom Stapel und halte es ihr hin, und dann zeigen Zofia und ich ihr, wie man Kraniche faltet. Sie kapiert es schneller als Zofia, und ich fürchte schon, dass Zofia jeden Moment wütend rausrennt, aber es ist ihr anscheinend gar nicht aufgefallen. Während der Abend uns die Sonne stiehlt und wir immer stiller werden, sitzen wir da und falten Kraniche aus Papier.

Später lege ich mich auf dem Sofa schlafen, bei voller Beleuchtung, während Zofia bei Dommo schläft. Gegen drei Uhr morgens höre ich vom Flur her das Tapsen von nackten Füßen und fahre hoch, mein Herz rast, und mein Mund ist ganz trocken. Pablo, der neben mir am Boden liegt, wedelt mit dem Schwanz, ein guter Wachhund ist er wirklich nicht. Ich lege eine Hand auf sein dichtes lockiges Fell und fühle seine beruhigende Wärme.

Zofia streckt den Kopf mit den wilden Locken zur Tür herein, und mein Puls fällt vor lauter Erleichterung bis zu den Zehen. *Ich kann nicht schlafen, willst du auch einen Kakao* fragt sie, und ich nicke stumm. Ihr Kopf verschwindet wieder, aber fünf Minuten später erscheint die vollständige Zofia im Wohnzimmer, in jeder Hand einen getupften Porzellanbecher. Klebriger Kakao läuft an den Seiten herunter, und als sie mir meinen Becher reicht, schwappt wieder etwas über den Rand, aber das macht nichts. Ich nehme einen Schluck, er schmeckt himmlisch. Zofia rollt sich neben mir auf dem Sofa zusammen wie eine Katze, ganz still liegt sie da und sagt kein Wort. Ich meine, Tränen über ihr Gesicht laufen zu sehen, doch sie wischt sie so heftig weg, dass ich lieber nichts dazu sage. Ich schaue sie nur an, und zum ersten Mal sehe ich nicht nur schroffe Kanten, sondern auch etwas Zerbrechliches. Zum ersten Mal kommt mir der Gedanke, dass es ihr vielleicht doch nicht immer gut geht. Sie hat Angst. Und wie sich das anfühlt, das weiß ich.

Zofia reibt sich mit den Händen übers Gesicht, schaut sich um. *Wieso sind hier eigentlich sämtliche Lichter an?* will sie wissen.

Und mit einem Mal bin ich es so leid, alles immer unter Verschluss zu halten, die Angst und die Sorge und die winzig klein zusammengefalteten Geheimnisse. Ich will sie herauslassen, will sie dieser ängstlichen stillen Zofia erzählen.

Also erzähle ich ihr von meinem Vater, der Mum und mich geschlagen hat und jetzt im Gefängnis sitzt, vor dem ich aber immer noch Angst habe, erzähle ihr auch, dass er mich früher oft im Dunkeln eingesperrt hat, wenn ich was angestellt hatte, also ständig, ich erzähle ihr, dass ich Mum nicht gut genug beschützt habe und jeden Tag solche Angst hatte, wir müssten wieder in unser altes Leben zurück. Ich sage ihr, dass ich im Dunkeln nicht schlafen und das viele Schwarz nicht aussperren kann, das in mein Zimmer kriecht und in meinen Kopf und nie ganz weggeht, egal wie viele Lampen ich brennen lasse. Wie die Dunkelheit zwischen den Dielen hochkriecht. Wie sie sich heranschleicht.

Ich erzähle ihr, wieso ich damit angefangen habe, Kraniche zu falten – weil ich mir etwas wünschen wollte. Ich hätte sie auch für das Baby falten können, sage ich, aber so war es nicht. Was ich mir stattdessen gewünscht habe, sage ich ihr nicht.

ZOFIA

Als Tom mir das alles erzählt, all die schlimmen Erlebnisse, da schleudert mich mein Gehirn wieder zurück bis zu dem Moment, als ich ihn im tiefen dunklen Bauch des Segelboots eingesperrt habe, und mir wird schlecht. Das wollte ich nicht. Ich hatte ja keine Ahnung. Aber getan habe ich's trotzdem. Ich sage ihm nichts davon, aber ich spüre, wie sich die Erinnerung auf meine Schultern senkt wie ein Granitblock und ich unter dem Gewicht immer tiefer im Boden versinke. Ich wünschte, ich hätte vorher davon gewusst. Aber warum hätte er es mir erzählen sollen?

Ich erinnere mich noch gut an den Blick, mit dem Cameron mich auf Nathans Boot angesehen hat, als ich über Tom gelacht habe. Ich erinnere mich an die Angst, die über Toms Gesicht zuckte wie echte Blitze. Ich erinnere mich an die vielen, vielen hell leuchtenden Lichter überall in seinem Zimmer. Jetzt ist mir klar, warum er solche Angst hat. Ich verstehe, warum er immer eine Taschenlampe bei sich trägt, warum seine Finger zittern, warum er tausend Kraniche aus Papier faltet. Nach und nach fügen sich alle Informationen zu einem großen Puzzle zusammen, und mein Platz in dem Bild gefällt mir überhaupt nicht.

Ich fühle mich ein bisschen wie aufgebrochen. So als hätte ich über meiner Haut eine harte Schale, die auf einmal abzuplatzen beginnt. Feine Linien wie Spinnennetze ziehen sich über die gesamte Oberfläche. Ich schaue hinunter auf meine Hände und habe auf einmal das Gefühl, ich müsste Tom etwas zurückgeben, als Dank für all das, was er mir gerade geschenkt hat. Ich verschränke meine Finger und flüstere *Mit mir stimmt auch etwas nicht, ich kann nicht bis zum Fidschi schwimmen, jedes Mal, wenn ich es versuche, fühlt es sich so an, als würde ich zerspringen* und dann spreche ich auch noch das eine wirklich ganz große Ding aus, das sich in den dunklen Ecken meines Gehirns versteckt und eingenistet hat. *Ich habe mir gewünscht, das Baby würde verschwinden. Von den Wellen habe ich es mir gewünscht, und mein Wunsch ist wahr geworden. Ich bin schuld daran, dass das Baby so krank ist. Ich hab mir das gewünscht. Ich ... Ich ...* Ich versuche zu sagen, wie ich mich fühle, aber es gibt keine Worte dafür.

Tom schüttelt den Kopf und sagt *Nein, das ist nicht deine Schuld. Wir alle sagen doch manchmal Dinge, die wir nicht so meinen* und dann wird er ein kleines bisschen rot und flüstert *Ich habe mir gewünscht, du würdest verschwinden.* Fast muss ich lachen beim Gedanken an seinen Wunsch und meinen Wunsch und die ganze vertrackte Lage, in der wir stecken. *Wir können es wiedergutmachen* antworte ich ihm, und ich weiß, das können wir wirklich. Wir bleiben zusammen auf dem Sofa, bis das Morgenlicht die Finger zu den Fenstern hereinstreckt. Wir reden nicht viel, irgendwann schlafe ich ein und rutsche vom Sofa, lande neben Pablo, der die Gelegenheit nutzt und mir das Ohr ableckt. Aber wir sitzen weiter zusammen da und warten.

TOM

Ich fühle mich irgendwie merkwürdig. Ich weiß selbst nicht, warum ich Zofia das alles erzählt habe. Bis dahin hatte ich noch nie den Wunsch, mit ihr über mich zu sprechen. Ich dachte, sie würde mich auslachen und mit dem Finger auf mich zeigen und in der Schule überall herumkreischen, was für ein armer Irrer ich sei – was für ein Freak. Ich dachte, all ihre laute, wütende Energie wäre ganz plötzlich wieder zurück, und etwas in mir würde vor lauter Angst aufflackern. Aber dann kam es ganz anders, in dieser seltsamen Halbmondnacht, in diesem Schweigen: Sie hat nicht gelacht. Ihre Miene veränderte sich auf eine Weise, die ich gar nicht verstand, in diesem Moment sah sie überhaupt nicht wie sie selbst aus. Sie machte den Mund auf, aber nur ein Flüstern kam heraus, und so leise hat sie mir von all den dunklen, schweren Gedanken in ihrem Kopf erzählt und die ganze Nacht bei mir auf dem Sofa gesessen. Ich musste daran denken, was Mum einmal zu mir gesagt hatte, nämlich dass auch Zofia Angst habe. Jetzt habe ich es verstanden.

Als es Morgen wurde, hat Zofia kurz meine Hand genommen und fest gedrückt.

ZOFIA

Dommos Mutter fährt uns heute zum Krankenhaus, aber vorher muss sie noch schnell nach nebenan, um Frida zu füttern, und schnell wieder zurück, um uns abzufüttern. Dommo will unbedingt mitkommen, und ich bin mir nicht sicher, ob ich das will oder nicht, aber dann wird mir von ihrer Mutter die Entscheidung abgenommen: *Kommt nicht infrage, du gehst zur Schule, Freundchen* und Dommo umarmt mich und flüstert mir zu *Ich wünschte, du hättest mir gesagt, dass das Baby krank ist* und ich wünschte es auch, viel zu lange waren all diese schlechten Gefühle in mir gefangen. Dommo drückt mich noch einmal ganz fest, dann umarmt sie Tom und zieht widerwillig in Richtung Schule ab.

Wir sitzen schweigend im Auto, und obwohl die Welt direkt hinter den Fenstern an uns vorbeisaust, scheint sie doch ganz weit weg. Tom verfärbt sich wie immer grünlich, aber immerhin übergibt er sich nicht, und ich bin heilfroh, weil ich nämlich neben ihm auf der Rückbank sitze. Ich selbst fühle mich auch merkwürdig und kränklich und schwer und bin vor allem heilfroh, dass mir selbst nicht schlecht ist. Das Auto von Dommos Mutter ist nämlich ganz schick.

Sie geht mit uns durchs Krankenhaus, bis wir endlich vor der richtigen Station stehen, nach zwei Fahrten mit dem Aufzug, vielen Treppenstufen (weil der zweite Aufzug uns an einer ganz falschen Stelle abgesetzt hat) und dann noch mal tausend Korridoren. Dies ist zwar dasselbe Krankenhaus, in dem auch Dad arbeitet, aber ich bin nur ganz selten hier. Das ist auch so etwas Merkwürdiges, zusätzlich zu all den anderen Merkwürdigkeiten der letzten sechsunddreißig Stunden. Wir stehen vor einer verschlossenen Doppeltür, und Dommos Mutter will gerade auf einen Knopf drücken, damit jemand kommt und uns aufmacht, da geht die Tür auf, Dad kommt heraus, und im nächsten Moment schließt er mich in die Arme und drückt mich ganz fest, und mein Bauch beruhigt sich und meine Haut brennt nicht mehr und mein Herz tut nicht mehr so weh.

Dommos Mutter setzt sich auf einen Plastikstuhl im Korridor, während wir drei durch die erste Doppeltür hindurchgehen. Dahinter kommt noch eine Tür, auf der in Regenbogenfarben WILLKOMMEN geschrieben steht und darunter Neonatologie, wir stehen nämlich vor der Intensivstation für Neugeborene. An der Glasscheibe kleben Fotos von Abdrücken winziger Babyfüße. Manche von ihnen sind nicht einmal so groß wie mein kleiner Finger.

Und dann sehen wir sie. Wie ein kleiner Fisch, der ganz allein in einem Becken gelandet ist, liegt sie da in einem Inkubator, einer Art Spezialbettchen aus Kunststoff. Wie winzig sie ist! Ich beuge mich vor, und mir bleibt fast die Luft weg, so klein ist alles an ihr. Hände wie Mini-Seesterne, Nägel wie kleine Muscheln, Arme und Beine hat sie unter sich gezogen wie ein Frosch, und überall ist sie an sich schlängelnde Schläuche angeschlossen. Am meisten überrascht mich ihr faltiges Gesicht, dabei ist sie doch brandneu, gleichzeitig hat es etwas Magisches. Ich will sie immer weiter anschauen, möchte sehen, ob ich irgendetwas an ihr entdecken kann, was an mich oder Dad erinnert, die Form des Mundes etwa oder der Wangen. Ein Schlauch steckt in einem Nasenloch, ein anderer in ihrem Mund. Jetzt öffnet sie die Augen. Dunkelblau sind sie, wie eine Gewitterwolke, sie blinzeln. Ich kann gar nicht aufhören, sie anzuschauen.

Sie ist ein vollständiger Mensch, bereit, sich zu entfalten. Eine Supernova wartet nur darauf, in ihr zu explodieren und sie zu der zu machen, die sie ist und die ich gerne kennenlernen möchte.

Ich strecke einen Finger aus, sehe Dad fragend an, und er nickt, also berühre ich die winzige Handfläche. Wie Samt fühlt sie sich an, aber meine ist viel zu rau, und als das müde kleine Gesicht sich verzieht, springe ich erschrocken zurück, dabei stoße ich den Plastikstuhl hinter mir um, er knallt auf den Boden, und alle starren mich entgeistert an.

TOM

Mum sei gleich wieder da, sagt Marek zu mir, als ich den heißen kleinen Raum betrete, in dem mein Schwesterchen schläft. Sie sei nur kurz auf die Station gegangen, um sich ein Schmerzmittel zu holen. Ich nicke, dann schaue ich hinüber zu dem Kasten aus durchsichtigem Kunststoff, auf den Zofia starrt, ohne dass sich auch nur ein einziger Muskel an ihr rührt. Noch nie habe ich erlebt, dass sie irgendetwas auf diese Weise angeschaut hätte. Ihre Heftigkeit und ihre überschäumende Wut, ihr Tatendrang und ihre unbändige Energie scheinen sich in Luft aufgelöst zu haben. Wie hypnotisiert ist sie von dem winzigen Baby in seinem Bettchen, ganz still ist sie, bewegt sich nicht, doch plötzlich fährt sie zurück und stößt dabei einen Stuhl um. Das Baby bewegt sich nur ganz leicht, doch Zofia stürmt an mir vorbei und zur Doppeltür hinaus, die mit einem Zischen aufgeht und hinter ihr zufällt.

Ich schaue in das Bettchen. Licht strömt hindurch und malt Regenbogen an die weißen Zimmerwände. Auf dem Kopf hat das Baby einen ganz leichten Flaum aus dunklen Haaren, unter der Haut scheinen schwach die Adern durch, die Finger haben winzige Falten. Die Haut ist wie Papier und hebt sich ganz leicht bei jedem Herzschlag. Die Füße sind wie geschnitzte Miniaturen, die Hände zu Fäusten geballt, wie kleine Blüten, die ihre rosa Blütenblätter öffnen und schließen, öffnen und schließen. Ich schiebe einen Finger durch eines der runden Löcher an der Seite des

Bettchens und streichele ihre zarte Wange *Du bist erstaunlich* flüstere ich in ihr ovales rosa Mauseöhrchen.

Auf einmal legt sich ein Arm um meine Schultern, ganz sanft und liebevoll, trotzdem erschrecke ich, doch das Baby bleibt weiter ganz ruhig. Es hat die Augen geschlossen und liegt so still da, dass ich sehen kann, wie das kleine Herz in der Brust schlägt. *Ich hab dich vermisst* sagt Mum, und ich umarme sie vorsichtig, denn ich weiß ja von Marek, dass sie noch Schmerzen hat, aber ich lasse sie erst los, als meine rauen Kanten und ihre wieder ineinandergreifen. *Seit du hier bist, ist sie ganz ruhig* sagt Mum leise, und wir bleiben dicht beieinander, wie zwei mit einer Naht verbundene Stoffteile, und sehen zu, wie die kleine Brust sich hebt und senkt wie das Meer.

ZOFIA

Von einem Moment auf den anderen war nichts mehr da von der langen dunklen Nacht, die wir bei voller Beleuchtung gemeinsam durchwacht haben. Ich werfe einen Blick zurück durch die Doppeltür. Da stehen sie, Tom dicht neben Fiona, jetzt kommt auch Dad dazu, und zusammen glotzen sie das Baby an, als gäbe es auf dem ganzen großen Planeten nichts Tolleres, und das komische Kribbeln, das ich spürte, als ich dem Baby in die Gewitteraugen schaute, löst sich in der scharf nach Desinfektionsmitteln riechenden Luft in Nichts auf.

Das Baby mag mich nicht. Ich bin zu grob und zu laut, während Tom sanft und leise und ruhig ist, genau wie das Baby. Klar, bei ihm ist es ganz ruhig. Plötzlich kann ich es nicht mehr ertragen, auch nur irgendwie in der Nähe dieser blödsinnig glücklichen Familie zu sein, und ich mache auf dem Absatz kehrt und stürme durch die nächste Doppeltür in den Korridor.

Dommos Mutter sitzt noch immer auf demselben Plastikstuhl und liest eine Zeitschrift, die älter sein muss als ich. Sie lächelt mich an und fragt *Alles in Ordnung, Schätzchen? Eben kam Fiona hier vorbei, die arme Frau ist so was von erschöpft* und ich fühle, wie ein Gewitter sich in meinem Bauch bereit macht. Ich knurre und ich balle die Fäuste, und ich versuche es wegzuatmen, aber Dommos Mutter redet und redet, und ich will, dass sie den Mund hält. *Armes Baby, muss schon operiert werden, so ein ar-*

mes krankes Mäuschen und so klein, selbst für ein Frühchen. Wie war sie heute, wie findest du deine Schwester? Ich beiße die Zähne zusammen, damit der Donner nicht rauskann, und sage kein Wort. Dad kommt mich nicht einmal suchen, und auf einmal fühle ich mich schrecklich allein, denn jetzt hat Dad zwei Töchter.

TOM

Ich bleibe so lange beim Baby, wie sie mich lassen, und kann gar nicht aufhören zu staunen. Ich habe eine Schwester. Diesen Satz spreche ich mir immer wieder vor, irgendwie kann ich ihn noch nicht so richtig glauben. Ich habe eine Schwester. Sie hat dunkle Wimpern, zerknitterte Öhrchen und Pfirsichbäckchen. Sie ist wirklich erstaunlich.

Sie ist schwach sagt Marek, und fast versagt ihm die Stimme. *Sehr, sehr schwach* und beim letzten Wort bricht sie ganz. Das Baby muss so bald wie möglich operiert werden. Wenn ich mir vorstelle, dass jemand mit einer scharfen Klinge in diese Haut aus rosa Blütenblättern hineinschneidet, könnte ich sofort anfangen zu weinen. Ich wünschte, jemand würde mir sagen, dass alles gut wird mit ihr, aber das kann niemand, und das tut auch niemand, und so sitze ich bei meiner Schwester und flüstere ihr diesen Satz immer wieder zu. Ich sitze bei meiner Schwester, falte sorgfältig einen Kranich nach dem anderen und sage ihr, dass alles gut wird.

ZOFIA

Wir übernachten wieder bei Dommo. Dommo hat eine Million Fragen, aber ich habe keine Antworten. Wie das Baby aussieht, will sie wissen, wie es ihm geht und wann es nach Hause darf. Tom sagt, das Baby sei wirklich erstaunlich, womit er absolut recht hat, aber zugeben werde ich das nie. Dommo erinnert sich noch, wie es war, als ihr kleiner Bruder zur Welt kam, und dass sie geweint hat, weil er komisch roch und ein bisschen wie ein Alien aussah. Inzwischen ist Ted fast acht, ein Junge mit Stupsnase und sandfarbenen Haaren, der kein bisschen wie ein Alien aussieht, aber auch nicht wie Dommo oder ihre Mutter. Sie erzählen ihm gerne, sie hätten ihn als Baby am Strand gefunden, fest eingewickelt in Seegras. Weil niemand ihn haben wollte, hätten sie ihn schließlich mit nach Hause genommen, in einer Plastiktüte vom Supermarkt. Außerdem behauptet sie immer, er sei mindestens zur Hälfte eine Seegurke, was wirklich passt, denn er macht oft total fiese Sachen, irgendwelche ekligen Geräusche, so wie jetzt gerade. Er streckt mir die Zunge raus, und ich schubse ihn vom Sofa. Ich mag Ted sehr. Er wäre ein toller Bruder.

Tom ist angespannt und vor lauter Sorge ganz weiß im Gesicht, aber das Band, das uns letzte Nacht verband, ist gerissen. Ich frage ihn nichts, und er sagt nichts zu mir. Er faltet systematisch Kraniche, Dommo hilft ihm, und das Wohnzimmer ähnelt langsam einer Auffangstation für Vögel. Ich mache nicht mit. Ich bin raus.

TOM

Am nächsten Morgen müssen wir wieder zur Schule. Es fühlt sich nicht richtig an. Nichts ist mehr, wie es war, nur wir sollen weiter zur Schule gehen. Mum ruft vor dem Frühstück an, sie klingt traurig und wie von weither. Das Baby hatte nachts zusätzliche Hilfe beim Atmen gebraucht. Ich stelle mir vor, wie es ganz allein dalag in der Nacht, und mein Herz krampft sich zusammen, obwohl ich weiß, dass es nicht allein war und auch nicht im Dunkeln dalag, sondern im warmen Schein der Inkubatorlampe. Ich frage mich, ob es Angst hat. Meine kleine Schwester hat noch keinen Namen, und ich würde ihr gern einen geben, damit sie für immer jemand ist, der zu uns gehört, aber mir fällt kein einziger Name ein, der zu ihr passt. Keiner hat die richtige Größe oder Form oder den richtigen Klang.

Als Dommo und Zofia und ich den Schulhof betreten, kommen erst Cameron und Leo auf uns zu, dann der Rest der Klasse. Cameron hat eine Glückwunschkarte für das Baby gebastelt mit einer Zeichnung vom Strand vorne drauf. Ich wusste gar nicht, dass er so gut zeichnen kann, aber das kann er wirklich, sanftes Licht liegt über seinem Strand. Ich umarme ihn und lege die Karte vorsichtig zwischen die Seiten eines meiner Hefte. Heute Nachmittag werde ich sie dem Baby zeigen, dann kann ich ihm erzählen vom Meer und vom Strand und vom Wind und vom Salz und von all den vielen schönen Dingen, die es noch nicht gesehen hat.

ZOFIA

Der Tag zieht sich endlos dahin, ich kriege kein Wort von dem mit, was Ms Cassidy sagt, und als wir Fangen spielen, rase ich über den Schulhof wie aufgezogen, ich bin die Schnellste und die Lauteste, und ich gewinne gewinne gewinne jedes Mal.

Nach der Schule möchte Tom ins Krankenhaus, ich gehe mit Dommo und den anderen an den Strand. Dommos Mutter hat angeboten, Tom in die Stadt zu fahren, und sie fragt mich, ob ich auch wirklich nicht mitwill, ich schüttele nur den Kopf und renne so schnell zum Strand, dass Sand und Steinchen hinter mir auffliegen, ein staubiger Wirbelsturm.

Es fühlt sich nicht richtig an. Der Himmel und das Meer sind hell und klar, und warme Luft streicht um mich. Der perfekte Strandnachmittag. Aber mir ist nicht danach. Ich will nicht Volleyball spielen. Ich will nicht mit Leo kämpfen. Ich will nicht meinen Namen in den Sand schreiben mit so großen Buchstaben, dass sie noch vom Weltall aus gelesen werden könnten. Ich will nicht einmal schwimmen gehen, aber ich versuche es trotzdem, weil das Wasser doch sonst immer alles wiedergutgemacht hat. Ich stürze mich also ins Wasser und lasse mich von den Wellen umschmeißen und kämpfe gegen die Strömung an, gegen den Sog und das Anschwappen der Wellen, aber jedes Mal, wenn eine über meinem Kopf zusammenschlägt, sehe die drei vor mir. Ich sehe sie, wie sie in diesen Inkubator starren. Ich sehe alle vier lachend am Küchentisch, ohne mich.

Ich sehe drei von ihnen traurig dasitzen in einem weiteren Bild aus der Zukunft, und auch in dem bin ich nicht dabei. In jeder möglichen Version bleibe ich allein zurück.

Ich versuche nicht einmal, bis zum Fidschi zu kommen, sondern quäle mich zurück ans Ufer und setze mich in den feuchten Sand. Umgeben von meinen besten Freunden, fühle ich mich allein.

TOM

Heute kommt mir das Baby noch winziger vor. Der Schlauch in seinem Mund pumpt Luft in die gerade mal eichelgroße Lunge, und es schlägt die Augen nicht auf. Die rosigen Bäckchen sind bleich wie Schnee, ich darf das Baby nicht berühren. Stattdessen sage ich meiner Schwester flüsternd immer wieder, dass sie keine Angst haben soll. Dass sie mutig sein soll, auch wenn ich selbst es nicht bin. Irgendwann fällt mir nichts mehr ein, wie ich ihr das noch sagen könnte, also erzähle ich ihr von meinem Tag in der Schule. Ich zeige ihr Camerons Karte, auch wenn sie die Augen fest geschlossen hat. Ich stelle die Karte auf die nächste Fensterbank, sodass sie das Meer sehen kann, wenn sie so weit ist. Ich lege eine Hand oben auf ihr Bettchen, sage aber nicht Tschüss, sondern flüstere ihr zu, dass wir uns ganz bald sehen.

Mums Augen glänzen und haben rote Ränder. Sie sagt, sie sei stolz auf mich, und schlägt Namen für das Baby vor, von denen mir keiner gefällt. Aber ich sage ihr Namen, die Marek einmal vorgeschlagen hat, Xanadu und Armatura, und Mums Lachen ist die schönste Musik der Welt. *Armatura* sagt sie und wischt sich über die Augen. Man denkt, das geht gar nicht, aber Tränen können gleichzeitig Freudentränen und Tränen der Trauer sein, das gibt es. Als ich losmuss, umarme ich Mum, so fest ich nur kann, und sie sagt, ich sei ein lieber Junge.

Ich fahre mit Marek zurück. Nur Mum darf beim Baby übernachten.

Außerdem muss Marek manchmal nach Hause und sich um all die langweiligen Dinge kümmern, die sich nicht einfach in Luft auflösen, nur weil man ein krankes Baby hat. Ich frage ihn nicht, ob alles gut wird mit dem Baby, ich will eine der möglichen Antworten nicht hören. Er sagt nur, dass die Operation Stunden dauern wird, aber dass sie noch nicht wissen, wann sie stattfinden soll.

Als wir nach Hause kommen, gehe ich direkt in den Stall, nehme mir eine Säge und mache mich an die Arbeit: sägen, hobeln, schleifen, leimen. Es ist wie Zauberei, aus dem hohen Stapel Bretter, die hier lagerten, ist nach und nach ein Boot geworden. Stunden und Stunden verbringe ich im Stall. Ich mache sogar weiter, als mir klar ist, dass ich später im Dunkeln ins Haus zurückmuss. Ich mache auch dann noch weiter, als mir der Magen knurrt und Marek zum Essen ruft. Und ich mache weiter, als Marek mir wortlos meinen Teller auf die Werkbank stellt und leise wieder hinausgeht. Ich mache so lange weiter, bis meine Lasagne kalt ist und das Boot so gut wie fertig.

ZOFIA

Dad redet auf mich ein, ich soll Tom mit dem Boot helfen, aber ich will nicht, ist ja klar. Auch das hat Tom mir weggenommen. Geplant war es als unser gemeinsames Projekt, aber er schleicht sich wie eine Katze in den Stall und denkt nicht mal daran, mich zu fragen, ob ich vielleicht mitwill.

Anstatt ein Boot zu bauen, setzen Dad und ich uns also zum Essen hin. Ich fahre mit dem Finger meinen kopfstehenden Namen auf unserem Tisch nach, und es kommt mir so vor, als wären Millionen Augenblicke vergangen, seit wir beide zuletzt allein hier gesessen haben. Dad berichtet, dass es dem Baby noch schlechter geht und dass das Krankenhaus entschieden hat, die Operation Anfang nächster Woche durchzuziehen. Nur noch wenige Tage also, bis wir wissen, ob sie endgültig bei uns bleibt. Dad erzählt mir, wie eilig das Baby es plötzlich hatte und dass er es nur mit Mühe und Not geschafft hat, Fiona noch rechtzeitig ins Krankenhaus zu bringen, und dass das Baby, als es dann da war, sofort geschrien hat und sich genauso anhörte wie unsere Katze Frida, und dass Fiona und er bei aller Aufregung und allem Kummer laut lachen mussten. Ich schiebe die Lasagne auf meinem Teller herum und nicke, als würde ich interessiert zuhören, stelle aber keine Fragen. Dad sieht mich aus müden Augen forschend an, aber ich erwidere seinen Blick nicht. Zum ersten Mal seit ewigen Zeiten habe ich ihn ganz allein für mich, und nun klafft zwischen uns ein riesiger, gähnender, ein alles verschluckender Abgrund, und ich kann ihn nicht füllen, weder mit Worten noch mit Lärm, und ich weiß nicht, was ich tun soll. Ich habe mir etwas Schreckliches gewünscht, und es ist wahr geworden.

TOM

Ich möchte mit Zofia reden. Ich möchte diesen Moment zurückholen, den wir miteinander geteilt haben, ganz früh am Morgen, als wir beide Angst hatten. Ich möchte ihr sagen, dass ich fürchte, das Baby könnte für immer namenlos bleiben. Ich möchte ihr sagen, dass die Operation ein so großer Eingriff ist und das Baby noch so klein. Ich möchte ihr sagen, wie große Angst ich habe, dass das Baby stirbt.

Ich habe Freunde in der Schule, mit denen ich reden kann, das ist neu und auch toll. Aber wie Zofia und ich geredet haben, als es niemanden gab, der uns so verstanden hätte wie wir uns gegenseitig, das war anders. Jetzt redet sie gar nicht mehr mit mir. Sie sieht mich nicht einmal an. In der Schule ist sie so wie immer: ungestüm, laut, frech. Mich beachtet sie gar nicht. Wenn ich nach der Schule das Baby besuche, spielt sie Volleyball am Strand, danach ist sie klatschnass, voller Sand und schweigsam. Unser Film ist zurückgespult worden, zurück auf Anfang, zu unserer ersten Begegnung, als nichts in ihr war als Wut.

Am nächsten Tag, nach der Schule und dem Besuch beim Baby, arbeite ich weiter am Boot. Genauso am übernächsten. Zofia hilft mir kein bisschen. Ich hoffe die ganze Zeit, dass sie vielleicht doch irgendwann den Kopf zur Stalltür hereinstreckt und zusammen mit Pablo hereinstürmt, nach der falschen Säge greift und dem falschen Holz und einfach loslegt. Aber sie kommt nicht. Also baue ich für uns beide weiter.

ZOFIA

Das Wochenende kommt zu schnell und zu langsam gleichzeitig, und ich habe weder das namenlose Baby besucht, noch bin ich zum Fidschi geschwommen oder habe mit Tom gesprochen oder ernsthaft mit Dad geredet. Ich bin eine permanente Gewitterwolke und ich kann es nicht ändern und ich verstehe es nicht und ich finde es auch nicht wirklich gut. Dieses Gewitter in mir gehört nicht mehr wirklich zu mir.

Dad fährt zum Krankenhaus, aber ich will nicht mit. Er drängt mich auch nicht, sagt nur *Vergiss nicht, der Katze ihr Futter zu geben* und *Heute bleibst du den ganzen Tag bei Dommo, damit du nicht das Haus in Brand steckst, verstanden* und er hört sich ganz so an wie mein alter Dad, fast hätte ich ihn angelächelt, er umarmt mich auch kurz, aber nicht so wie früher, nicht so, dass es mich zusammenhält.

Ich schlendere hinunter zum Strand, zusammen mit Pablo, aber ohne Dommo, ich brauche ein bisschen Ruhe und Frieden, auch wenn das so gar nicht zu mir passt. Ich grabe eine Grube in den Sand, setze mich hinein und strecke die Beine in Richtung Meer aus. Wie blau glasiert sehen die Wellen heute aus, träge, und an jedem anderen Tag wäre ich sofort ins Wasser gerannt, hätte mich mit Armen und Beinen gegen die Strömung geworfen, hätte einen Mundvoll Meer in Richtung Himmel gespuckt, Salzluft geschluckt und alles getan, um Fidschi zu erreichen. Doch heute fehlt mir das Feuer. Ich schaffe es einfach nicht bis dahin. Ich kann Dad nicht zum Strand zerren und in die dunstige Ferne zeigen, wo meine orangerote Fahne im Wind weht, gleich neben seiner, damit er stolz auf mich ist. Ich schaffe es nicht.

Ich trete um mich, Sandkörnchen fliegen hoch in die Luft und mir in die Augen, ich reibe, sie tränen und brennen, ich brülle die Wellen an. Mein Echo kommt von den Wolken zurück. Ich balle die Fäuste, schlage auf den Sand ein, bis sich Sandkörner unter meine Nägel bohren. Ich fühle mich wund, aber auch ein bisschen besser.

Auf einmal höre ich ein merkwürdiges Geräusch. Es klingt exakt so, wie wenn ein Tablett in einem Bettbezug eine Treppe hinunterpoltert. Erst macht es *wuuuusch*, dann *holterdiepolter* und schließlich *rumms*. Ich drehe mich um, kneife die Augen gegen das grelle Licht zusammen und sehe Tom.

TOM

Ich befestige ein Stück von einem blauen Seil am Heck. Ich habe nachgeschlagen, wie man den richtigen Knoten macht, es ist ein bisschen wie Origami. Ich ziehe einmal kräftig am Seil, es hält. Gestern Abend bin ich mit dem Boot fertig geworden. Der Lack hatte zwölf volle Stunden Zeit, um zu trocknen, und nun glänzt das Boot kastanienbraun. Es ist nicht perfekt, ich sehe jetzt schon Dinge, die ich beim nächsten Versuch anders machen würde, aber es sieht aus wie ein richtiges Boot und auch so, als könnte es schwimmen. Ich lege die Ruder, die wir von Saul bekommen haben, ins Boot und befestige sie unter der rauen Sitzbank, die von einer Bordwand zur anderen geht.

Und dann ziehe ich los. Das Boot ist aus leichtem Holz gebaut, trotzdem ist es ganz schön mühsam, es den sandigen, steinigen Weg hinunter zum Strand zu bekommen. Bestimmt fünfzehnmal muss ich stehen bleiben und das Boot wieder richtig ausrichten, doch als ich es bis unterhalb der Klippen geschafft habe, geht es viel leichter.

Vorn am Wasser sitzt jemand. Selbst aus dieser Entfernung erkenne ich das leuchtende Rot von Zofias T-Shirt mit dem Piratenpapagei. Ich dachte mir schon, dass sie hier ist. Sie ist immer hier. Ich bin auch froh, dass sie da ist – dafür war dieses ganze Geziehe und Gezerre ja überhaupt nur nötig: weil ich das Boot hierherbringen und ihr zeigen wollte. Sie hämmert mit den Fäusten in den Sand, und die Luft ist angefüllt mit einem

Laut, den ich nie zuvor gehört habe. Eine Mischung zwischen Gebrüll und Heulen. Ich stolpere vorwärts, halte das blaue Seil gut fest, und jetzt dreht sie sich um und sieht mich. Spuren von Tränen laufen ihr übers Gesicht, ihre Augen sind gerötet. Ich ziehe das Boot ein Stück näher heran und sage *Zofia, hast du geweint* und im selben Moment explodiert sie.

ZOFIA

Ob ich geweint habe? Wie kommt er denn darauf? Aber ich versuche gar nicht erst aufzuhören, versuche nicht, die Gewitterwolken wegzuatmen. Ich mache mir nichts mehr daraus. Ich lasse den Wirbelsturm jetzt einfach raus und ich schreie und ich schreie und ich schreie *Ich bin nicht so eine Witzfigur wie du ich bin doch nicht die die durchdreht bloß weil Mami nicht da ist oder wenn es dunkel wird oder laut oder wenn sie mal zwei Sekunden unten in einem Boot eingesperrt oder allein zu Hause ist das bist doch du ich bin nicht wie du ich bin nicht wie du ich bin nicht wie du.*

Sein Gesichtsausdruck ist merkwürdig unbewegt. Seine Hände lassen das blaue Seil fallen, mit dem er das Boot hergezogen hat, und dann, mit einer Stimme, die kaum mehr als ein Flüstern ist, fragt er *Was meinst du damit – eingesperrt?*

TOM

Mein Blut ist wie Eis unter meiner Haut, wie stechende Nadeln. In meinen Ohren ist ein Rauschen, aber vom Meer kommt es nicht. Es kommt aus mir. So ein Gefühl hatte ich noch nie, und ich hab es nicht im Griff. Ich kann es nicht wegatmen. Ich kann nicht so lange zählen, bis es sich wieder schlafen legt. Es kommt in Wellen, es wirbelt und brodelt. Es wächst sich zu einem Orkan aus.

Zofia hat mich unten im Boot eingeschlossen. Blitzartig, im Bruchteil einer Sekunde, wird mir das klar. Was für ein Schock! Es war kein dummer Zufall, keine Windbö hat die Tür ins Schloss fallen lassen. Es war kein Irrtum. *Sie* war es. Sie ist genau wie George und Connor. Sie hat alle meine äußeren Schichten freigelegt und der ganzen Klasse meine Ängste vorgeführt, die ich so angestrengt verborgen habe. Sie hat der ganzen Klasse gezeigt, was für eine Witzfigur ich bin.

Mit einem Mal spüre ich die Angst nicht mehr. Ich spüre keine Panik mehr in meinem Rückgrat, kein funkensprühendes Feuerwerk aus Furcht in meinem Kopf. Was ich jetzt spüre, ist etwas anderes.

Das ist Wut.

ZOFIA

Er brüllt, und sein Gebrüll ist lauter als ich und lauter als ein Löwe, lauter als das Meer und der Wind und die Möwen, und es schwillt immer noch an. Mich schreit er an.
Er schreit, und seine Worte treffen mich wie Felsbrocken, die von den Klippen stürzen.
Und ob du Angst hast die ganze Zeit du hast solche Angst du kannst ja nicht mal bis zu den blöden Felsen da schwimmen du hast Angst vor dem Baby du hast Angst vor Veränderungen du hast Angst dass keiner dich liebt du hast Angst du hast Angst du hast Angst und
ich
hasse
dich.
Die letzten drei Worte schleudert er wie Bomben in meine Richtung und dann reißt er sich das T-Shirt über den Kopf schmeißt es in den Sand rennt aufs Wasser zu brüllt noch etwas in die stürmische Luft zwischen uns was aber verschluckt wird vom rauschenden Blut in meinen Ohren und den peitschenden Windstößen und dann taucht er ein in die Wellen.

TOM

Das Wasser ist schneidend kalt. Seit Monaten war das Meer mein Licht, jetzt ist es dunkel. Unter mir ist nichts als endlose Schwärze, die Wellen sind Reihen gezackter Zähne, die ziehen und zerren und zuschnappen. Ich schlage mit den Beinen, kämpfe gegen das Meer. Einerseits ist mir eisig kalt, andererseits spüre ich Feuer in meinem Blut. Fidschi verschwindet immer wieder aus meinem Blickfeld, taucht dann aber wieder auf, je nachdem, wie die Wellen sich heben oder senken, und ich bemühe mich, den Kopf oben zu halten. Ich fühle mich so ähnlich wie an dem Tag, als Zofia mich umgerannt hat und ich in den Sand fiel und die ganze Welt kopfstand. Ich kann nicht mehr sicher sagen, wo der Himmel ist. Aber ich sehe die dunklen Umrisse vom Fidschi, und ich werde bis dahin schwimmen. Ich bin zwar nicht mehr im Meer gewesen seit dem Erlebnis damals mit meinem Vater, und das ist Ewigkeiten her, aber ich werde es Zofia zeigen. Ich werde ihr zeigen, dass sie Angst haben und ich mutig sein kann, dass ich etwas kann, was sie nicht kann und was sie sich mehr wünscht als alles andere.

Meine Wut hält mich an der Oberfläche. Jedes Mal wenn meine Muskeln sich verkrampfen und vor Schmerz aufschreien, denke ich an die Gesichter der Jungs aus meiner Klasse in dem Moment, als das Licht wieder anging und sie mich ansahen. Daran war nur Zofia schuld. Und Fidschi kommt immer näher.

ZOFIA

Wie angewachsen bleibe ich im Sand sitzen. Tom ist *wuuuusch* an mir vorbeigerast und hat sich ins Meer gestürzt, ein Hai in orangeroten Shorts, das ist das Bild, das ich verschwommen vor mir sehe, alles, worauf ich mich gerade konzentrieren kann. Etwas Orangerotes und ein Junge, der gegen die Wellen ankämpft und vom Meer verschluckt wird.

Doch dann höre ich wieder und wieder die Worte, die wie Felsbrocken auf mich herabstürzen.

Er behauptet, ich hätte Angst.

Auf einmal setzt sich alles zu einem Bild zusammen: die Quallenhaut, die Wut, die Meerwasserlunge und der Schmerz in der Brust. Ich schaue es aufmerksam an.

Und statt wie eine Gewitterwolke, statt endlos wütend, fühle ich mich
fühle ich mich
fühle ich mich
fühle ich mich

Ich finde das passende Wort nicht. Ich finde das Gefühl nicht. Aber es ist da, auf meiner Brust, und es wird größer, es glüht.

Ich taste weiter nach dem Gefühl und nach dem Wort, weil ich endlich alles verstehen will.

Plötzlich wird mir klar, dass ich Tom nirgends sehen kann. Kein orangeroter Fleck im Meer. Keine aufblitzenden bleichen Ellenbogen, die die Wellen brechen. Kein dunkler Hinterkopf, der wie ein Pfeil in Richtung Fidschi zeigt.

Nichts.

TOM

Meine Beine arbeiten nicht mehr.
Meine Lunge arbeitet nicht mehr.
Meine Arme arbeiten nicht mehr.
Am Himmel ziehen Sterne auf.
Das Meer wird immer dunkler.
Ich bin so leicht wie die Salzluft.
Ich bin so schwer wie die wettergegerbten Felsen.
Ich bin
Ich bin
Ich bin

ZOFIA

Jetzt sehe ich ihn. Den orangenen Fleck. Aber er wird immer kleiner.

In mir zucken hell leuchtende Blitze, aber nicht wie sonst bei meinen inneren Gewittern, nicht vor Wut. Diese Blitze erlauben mir, mich in Lichtgeschwindigkeit zu bewegen. Sie dringen durch meine Haut und machen mich lebendig. Ich renne zum Boot, das auf der Seite im Sand liegt. Mit meiner neuen Superkraft, die ich meinem Gewitter verdanke, schiebe ich es ins Wasser. Ich versuche, neben dem Boot herzurennen, erst als das Wasser mir bis zum Bauchnabel reicht, werfe ich mich hinein und greife nach den Rudern. Ich schlage auf das Wasser und teile die Wellen und versuche an den Rhythmus zu denken, den Nathan uns vor zwei Jahren im Sommer hier am Strand beigebracht hat. Ziehen und drücken. Ziehen und drücken. Ziehen und drücken. Das Boot schwankt und neigt sich. Ich lasse nicht nach, packe die Ruder noch fester, bis meine Knöchel weiß hervortreten und es sich so anfühlt, als würde ich es niemals bis dahin schaffen, aber ich muss. Ich muss.

Und ich schaffe es. Sein Kopf ist noch über Wasser, doch seine Arme und Beine zucken nur noch schwach, so als wäre alle Energie aus ihm herausgelaufen. Ich rufe laut seinen Namen, ich schreie seinen Namen, und er dreht den Kopf und sagt *Hilfe*. Diese Kopfbewegung, dieses eine Wort sind das Beste, was ich je gesehen und gehört habe.

TOM

Ich versuche, mich am Boot festzuhalten, aber es ist zu glatt, meine Finger rutschen immer ab, ich kann mich nicht hochziehen, mich nicht weit genug aus dem Wasser heben, um den Rand zu fassen zu kriegen. Zofia streckt sich halb über Bord, hält mir die Hand hin, ich greife danach, verpasse sie aber zweimal, und das Wasser nimmt mich mit zurück und schiebt mich wieder weg. Zofia versucht auf meiner Höhe zu bleiben, sie bekommt auch meine Finger zu fassen, kann mich aber nicht hochziehen. Ich selbst kann mich nicht hochstemmen, und ich habe auch keine Kraft mehr zu treten. Zofia lässt nicht los. Sie hält meine Hand und sagt *Alles wird gut* und ich erinnere mich daran, dass ich dasselbe erst vor wenigen Tagen zum Baby gesagt habe. Als liefe in meinem Kopf eine Szene aus einem anderen Leben ab.

Und dann lässt Zofia los.

ZOFIA

Ich kann ihn nicht hochziehen. Obwohl er Knochen hat wie ein Vögelchen, ist er zu schwer für mich, jetzt, wo das ganze Gewicht des Ozeans auf ihm liegt. So kann ich ihn nicht mehr lange halten, nicht mitten im Meer, während wir immer weiter hinaustreiben und uns immer mehr vom Strand entfernen.

Ich krieche zum Heck, halte mich dabei möglichst flach am Boden, damit das Boot sich nicht auf eine Seite legt. Ich strecke die Arme aus und taste mit den Fingern außen am Heck entlang, bis ich finde, wonach ich suche, und es aus dem Wasser ziehen kann.

Da ist es, das blaue Seil, das Tom hinten angebunden hat, um das Boot zum Strand zu ziehen, und das mir die ganze Zeit durchs Wasser gefolgt ist. Ich versuche es loszubekommen, doch der Knoten ist zu stramm. Noch einmal beuge ich mich vor und untersuche den Knoten. Ich stelle mir vor, wie Tom mit seinen geschickten, schnellen Fingern den Knoten geknüpft und festgezurrt hat, damit das Seil sich nicht lösen würde. Ich wünschte, er hätte einen Fehler gemacht, aber das hat er natürlich nicht. Ich ziehe am Herz des Knotens, mitten in diesem Knäuel. Ich drehe hin und her, ziehe, zerre. Doch davon wird er nur noch fester. In meinem Kopf geht wieder dieses laute Knurren los, doch ich stoppe es sofort. Es würde nichts nutzen. Ich muss nachdenken. Ich muss umsichtig sein.

Mit einem Finger folge ich den Windungen des Knotens. Ich spüre, wie kostbare Sekunden vergehen, und drehe mich zur Seite, um zu sehen, was Tom macht, ob er den Kopf noch über Wasser hält und die Beine bewegt. Noch ist er da und bewegt sie gerade so weit, dass er nicht untergeht. Doch er ist so müde, dass ihm die Augen zufallen.

Ich muss schnell machen muss gut aufpassen muss die Ruhe bewahren auch wenn ich innerlich aufheule vor Wut.

Ich hole tief Luft, und jetzt entdecke ich den Anfang. Ich ziehe daran, und auf einmal löst sich der Knoten.

TOM

Zofia legt mir das blaue Seil um die Brust. Es scheuert, meine nasse, mit Salz bedeckte Haut brennt, aber ich schlucke den Aufschrei hinunter und helfe Zofia mit allerletzter Kraft, einen neuen Knoten zu knüpfen. Dann greifen meine Finger nach dem blauen Seil, und jetzt zieht Zofia. Und zieht. Und zieht. Ein Ruck, ein dumpfer Aufprall, und ich hänge wie ein verwirrter Vogel an der Bootswand. Zofia nimmt meine Hand und legt sie oben auf die Reling. *Langsam jetzt, langsam, ganz vorsichtig* flüstert sie. *Das Boot darf nicht kippen* und mit ihrer Hilfe schaffe ich es, erst ein Bein und dann das andere hinüberzuheben. Wie ein nasser Sack lande ich unten im Boot.

Von der Ruderbank aus schaut sie zu mir herunter, grinst dieses breite Zofia-Grinsen, und dann rudert sie auch schon los, zurück ans Ufer.

ZOFIA

Ich will mich ja wirklich nicht aufplustern oder so, aber es ist nun mal wahr. Ich habe Tom soeben das Leben gerettet, wofür ich auf jeden Fall feierlich geehrt werden und vielleicht sogar eine echte Goldmedaille bekommen sollte. Von mir aus auch gerne eine aus Schokolade, da hätte ich mit Sicherheit mehr von.

Ich ziehe das Boot auf den Strand. Kann sein, dass sie mir die Arme amputieren müssen, wegen extremer Anstrengung. Pablo kommt auf uns zugerannt, er kann ja nicht wissen, was da draußen los war, schließlich ist er ein Hund und auch nicht besonders schlau, doch er kläfft und leckt mir das Salz von den Händen.

Tom hat sich aufgesetzt. *Brauchst du einen Arzt* frage ich ihn. Doch er schüttelt den Kopf und sagt *Ich war bloß müde ich war nicht dabei unterzugehen ich hab auch kein Wasser geschluckt mir geht's gut aber wenn du nicht mit dem Boot gekommen wärst wenn du nicht mit dem Boot gekommen wärst* und da bricht er ab er kann den Satz nicht beenden er hängt fest in dem Moment unmittelbar bevor etwas Schreckliches hätte passieren können.

Ich setze mich zu ihm und sage *Dein Boot gefällt mir, macht sich echt gut als Boot* und er grinst mich müde an und sagt *Ach ja, und danke, dass du mir die letzten Tage so viel geholfen hast.* Ich sehe ihn an, als wäre er übergeschnappt, frage mich, ob ihm vielleicht Meerwasser durch die Ohren ins Gehirn geflossen sein könnte, sodass all seine Gedanken jetzt eine Salzwäsche durchlaufen.

Du hast doch alles ganz alleine gemacht! Jeden Abend hast du dich davongestohlen in den Stall und hast mich drüben ganz allein gelassen und ich höre ein bisschen Donnergrollen in meiner Stimme. Tom starrt mich an, als wäre ich diejenige mit den in Salzwasser gewaschenen Gedanken, und er sagt *Ich hab gedacht, du kommst schon noch, wenn du Lust hast, aber dann bist du nicht gekommen und ich dachte, du ... wolltest nicht mehr mit mir daran arbeiten.*

Wie unglaublich dumm ist das denn? Ich zucke mit den Schultern und hänge einen Arm über die Bootswand, um Pablo die Ohren zu kraulen.

Was du eben gesagt hast fange ich an und achte gut darauf, dass die richtigen Worte in der richtigen Reihenfolge rauskommen, damit ich nicht alles wieder kaputtmache. Dann fängt er an zu sprechen und sagt, es tut ihm leid, er hat es nicht so gemeint, und ich schüttele heftig den Kopf, sodass die Luft mit Meersalz gesprenkelt wird. Er hat ja recht.

TOM

Ein ganzer Ozean quillt aus Zofia heraus: Sie erzählt mir von ihren Ängsten und davon dass sie ihren Dad noch nie zuvor teilen musste und wie schlimm es für sie war als auf einmal zwei fremde Menschen bei ihnen einzogen – dass sie dachte wir würden ihr ihren Dad stehlen und er würde Mum und mich lieber mögen als sie und dass sie das Gefühl hat er entfernt sich immer mehr von ihr – wie sich auf einmal alles nur noch um das Baby drehte was gleichzeitig das Beste aber auch das Schlechteste war denn was wenn das Baby stirbt aber auch was wenn es nicht stirbt und ihr Dad es tatsächlich mehr lieben sollte als seine große Tochter und dass sie ihn nicht stolz machen kann weil sie es nicht bis zum Fidschi schafft und dass sie doch immer so mutig war während sie jetzt immer gleich wütend wird und die Gewitterwolken sich immer schwerer wegatmen lassen.

Ich nehme ihre Hand, so wie sie das in jener einen Lichtnacht getan hat, und sage *Du hast mir gerade das Leben gerettet, Zofia* und sie zuckt mit den Schultern, aber auf einmal ist da ein kleines Leuchten in ihren Augen. Ich schaue auf ihre Hand und sage *Ich wünschte, ich könnte so mutig sein wie du, ich hab immer solche Angst* und sie sieht mir ins Gesicht und sagt

Tom, du bist der mutigste Mensch, den ich kenne.

ZOFIA

Das ist er wirklich. Es kommt mir so vor, als wäre ich kopfüber in die tiefsten Tiefen dieses seltsamen salzigen Meeres mit seinem ständigen Wechsel von oben und unten eingetaucht und hätte auf einmal alles kopfüber und seitenverkehrt gesehen aufgrund von so viel Wasser und so vielen Wellen. Tom hatte mir doch alles erzählt, das mit seinem Vater und was er durchgemacht hat, und auch das vom Gefängnis, und trotzdem hatte ich nichts begriffen. Aber jetzt habe ich verstanden.

Tom ist der mutigste Mensch, den ich kenne.

TOM

Marek ist noch nicht zurück vom Krankenhaus, als wir wieder beim Cottage sind, und das ist gut so. Zofia und ich haben uns mit einem extrem komplizierten Handschlag gegenseitig versprochen, dass wir keinem Menschen je erzählen werden, was heute am Strand und im Meer passiert ist. Wir haben das Boot zusammen in den Stall zurückgebracht und die Tür fest verschlossen.

Ich habe ein ganz heißes Bad genommen und warme, trockene Sachen angezogen. Obwohl ich unheimlich müde bin, fühle ich mich rundum gut, und ich kann kaum glauben, dass ich vor wenigen Stunden fast im Meer ertrunken wäre. Kaum zu glauben ist auch, was ich vor ein paar Stunden nicht für möglich gehalten hätte, nämlich dass Zofia und ich auch nur das kleinste bisschen gemein haben könnten.

Sie kommt in mein Zimmer, immer noch nass und mit dem Geruch von Meerwasser. In der einen Hand hat sie eine Plastiktüte und in der anderen einen Hammer. Einen Moment lang bin ich verwirrt und ein bisschen erschrocken, doch sie grinst nur und kniet sich hin. Geschickt löst sie ein paar Dielen aus dem Boden, und es sieht so routiniert aus, als hätte sie das schon tausendmal zuvor gemacht. Dann greift sie in die Plastiktüte und zieht ein völlig verdrehtes langes Kabel mit lauter kleinen Lichtern daran hervor. *Eine Lichterkette für den Weihnachtsbaum. Mit Batterie* sagt Zofia und stopft das Kabel in den Zwischenraum unter den Dielenbrettern. Als alles wieder abgedeckt ist, gibt sie mir eine Fernbedienung, ich drücke auf den Knopf, und im selben Moment kann sich die Dunkelheit nicht mehr verstecken. Licht tanzt durch die Ritzen, ein mattes, warmes, wunderschönes Licht. Sie hat also tatsächlich zugehört. Ich will etwas sagen, aber sie ist schon ins Bad verschwunden.

Während sie Badewasser für sich einlaufen lässt und dabei laut und falsch singt, hole ich den Karton hervor. Mit Pablo und Frida setze ich mich im Wohnzimmer aufs Sofa. Ich öffne den Deckel und beginne zu zählen.

In jener Nacht schlafe ich im Dunkeln, nur die Lichter, die sie mir geschenkt hat, leuchten schwach aus dem Boden.

ZOFIA

Dommos Mutter fährt Tom und mich in die Stadt, wir wollen das Baby besuchen. Ich habe Angst. Inzwischen weiß ich das. Die gereizte Haut, dieses Gefühl, als ob Quallen daran klebten, der Druck auf der Brust wie von tonnenweise Meerwasser und die Bläschen, die in mir aufsteigen, all das ist Panik, und ich muss das zugeben, sonst geht es nie weg.

Dad sitzt beim Baby, und anstatt sauer zu werden, fühle ich mich geborgen. Ich gehe zu ihm, lege beide Arme um ihn und umarme ihn fester, als ich je irgendwen oder -was umarmt habe. Im ersten Moment möchte ich einen Witz reißen über Zofia, die Anakonda, doch ich beschließe, dass der Moment nicht günstig ist. Stattdessen sage ich *Es tut mir leid, dass ich nicht netter war zu dem Baby*. Dann versagt mir die Stimme, und alles andere bleibt ungesagt. Dad umarmt mich ebenso fest zurück und sagt mit einer Stimme, aus der ich das Meer rauschen höre *Du bist meine große, meine beste, meine mutigste Tochter, und ich könnte dich nie weniger lieben, sondern nur immer noch mehr* und ich berge meinen Kopf an seiner Schulter.

Das Baby liegt wieder im Inkubator. Ein Schlauch führt in die Nase, ein anderer in den Mund. Die Augen sind geschlossen. Dad und Fiona gehen Kaffee trinken, Tom und ich setzen uns auf die Stühle rechts und links vom Bettchen. Unsere Schwester ist immer noch erstaunlich. Flüsternd erzählen wir ihr von unserem Strandabenteuer; sie darf ruhig in unser Geheimnis eingeweiht sein. Ich denke an ihre winzige Lunge, die um jeden Atemzug kämpfen muss, eigentlich geht es ihr doch wie mir, wenn ich unter Wasser bin, eingeschlossen in einer fremden, anderen Welt. Sie muss einfach nur tapfer sein und es immer wieder probieren. *Fleißig üben, dann wirst du auch stärker* flüstere ich ihr zu. *Versprochen.* Einer der Pfleger kommt, um die Schläuche zu überprüfen, er lächelt uns an und sagt *Gut macht ihr das, ihr zwei, sie ist ganz friedlich, seit ihr da seid, redet nur weiter mit ihr.* Und das tun wir.

Ich will doch nur, dass sie gesund wird flüstere ich Tom zu, und er sieht mich durch die Seitenwände dieser Plastikkiste an, in der unsere Schwester liegt, und flüstert *Ich doch auch.*

Noch drei Tage bis zu ihrer großen Operation, und wir können nichts tun außer hoffen. Hoffen hoffen hoffen.

TOM

Es ist keine große Sache, alles zu organisieren. Am Tag nach der Rettungsaktion zähle ich durch, wie viele Blatt Origamipapier noch übrig sind von dem Riesenstapel, den ich zu Weihnachten bekommen habe. Ich rufe Cameron an und gehe rüber zu Dommo, und die beiden erzählen es allen anderen, und die Neuigkeit verbreitet sich wie ein Spinnennetz in unserer Klasse. Keine zwei Stunden, und alle wissen Bescheid, und ich renne herum und sorge dafür, dass wir genug Kekse und O-Saft haben. Schließlich rufe ich Zofia, und wir gehen hinüber zu Dommo.

Unsere ganze Klasse quetscht sich in Dommos Wohnzimmer. Erst mache ich einmal vor, wie es geht, dann setzt sich Dommo zu Halima und Mollie, Mo und ich setzen uns zu Cameron und Jacob und Jude, und Zofia setzt sich zu Leo und Alma. Wir zeigen den anderen ganz genau, wie man falten und wo man die Knicke machen muss, bis sich endlich ein Vogel erhebt und die Flügel ausbreitet. In meiner Schachtel habe ich vierhundertundsieben Kraniche, die ich nicht mehr für mich brauche.

Wir brauchen also noch fünfhundertdreiundneunzig, bevor wir unseren Wunsch aussprechen können. Und die Zeit wird langsam knapp.

ZOFIA

Fünfhundertdreiundneunzig Kraniche an einem Nachmittag, das ist unmöglich, klar. Völlig verrückt wäre das. Die meisten von uns haben keine Ahnung, wie man Kraniche faltet, und brauchen ewig lange, zerknüllen ein Blatt nach dem anderen, fluchen laut, schwitzen und sind genervt. Ich fühle mich ein bisschen wie Tom, wenn ich den anderen immer wieder sorgfältig und geduldig zeige, wie es geht, auch wenn es ziemlich langweilig und öde ist.

Am Ende des Nachmittags haben wir zweiundachtzig neue Kraniche, auch wenn die meisten von Tom selbst stammen dürften. Leos Vogel sieht aus, als wäre eine Katze über ihn hergefallen, hätte ihn gefressen und wieder ausgespuckt, und wenn Frida in der Nähe wäre, hätte ich sie im Verdacht.

Als die Ersten nach Hause müssen zum Abendessen, verteile ich händeweise quadratische Blätter und sage *Macht weiter, bitte, macht weiter* denn es kommt mir so wichtig vor, so als könnten wir sonst nichts tun. Wir haben nur noch zwei Tage.

TOM

Morgen wird das Baby operiert, und wir haben nicht genug Kraniche. Die ganze Nacht habe ich neue gefaltet. Um mich selbst musste ich keine Angst haben, und ich war auch nicht abgelenkt durch den Kampf gegen die Dunkelheit. Jeder Kranich, den ich faltete, überflutete mich mit mehr Licht, mehr Hoffnung, aber jetzt, gegen Morgen, tun mir die Fingergelenke weh, die Haut ist wund, und wir haben immer noch nicht genug.

Doch als Zofia und ich auf den Schulhof kommen, strömen lauter Menschen, die ich gar nicht kenne, auf uns zu mit Papierkranichen, die sie einfach in meine Hände fallen lassen, sagen *Viel Glück* bevor die Scharen wieder auseinandergehen, und ich stehe da und bin sprachlos. Leos und Mollies Rucksäcke sind bis oben voll mit Kranichen, genau wie die von Halima und Alma. Cameron und sein Vater waren bis spät in der Nacht auf und kommen mit einem Karton, in dem es laut raschelt, weil so viele Papierflügel aneinanderstoßen. Mos Mutter hat fünfzehn gelbe Vögel gefaltet, und Jacob und Jude kommen mit einer Tragetasche voller Kraniche; die meisten haben sie selbst gebastelt, aber Nathan hat auch ein paar mitgeschickt. Dommo hat sechs fertig, Nummer sieben sei noch in Arbeit. Ich frage sie, wie das alles so plötzlich gekommen ist, und ihre Ohrläppchen verfärben sich rosa. Doch sie zuckt nur mit den Schultern und sagt *Muss wohl Zauberei sein, oder?*

Ms Cassidy schenkt mir zehn vollkommene, rosarote Kraniche, Ms Laghari hat fünf mitgebracht, von ihr selbst wunderschön mit kleinen Tupfen und Spiralen verziert. Der sonst immer so schlecht gelaunte Hausmeister überreicht mir eine Tüte voller Kraniche, die er zusammen mit seiner Frau und seinen Enkelinnen, die schon auf die weiterführende Schule gehen, gefaltet hat, von der Schulkrankenschwester kommen fünf blaue, die so aussehen, als könnten sie wirklich fliegen. Die Kunstlehrerin hat zwanzig Kraniche in zwanzig verschiedenen Farben gefaltet, sie musste es aber auch nicht erst lernen, sagt sie.

Es reißt nicht ab, ein Kranichschwarm nach dem anderen. Bei Schulschluss warten draußen lauter Eltern, die extra gekommen sind, um uns ihre Vögel zu bringen, manche perfekt, andere etwas wackelig, aber alle sind genau so, wie sie sein sollen. Ich muss mir von der Sekretärin Stofftaschen leihen, damit wir die Vögel auch ja heil nach Hause bringen. Auf dem Heimweg zucken Zofia und ich zusammen, als jemand laut ruft. Es ist Saul, der Mann von der Bootswerft. *Hier, für euch* sagt er, aber er nuschelt so, dass ich ihn kaum verstehe. Dabei drückt er mir ein Holzkistchen in die Hand. Ich öffne es, und es ist bis zum Rand voll mit Vögeln. So ordentlich und gerade und vollkommen, dass ich nach Luft schnappe, und er brummt so etwas wie, das sei keine große Sache, er hätte immer schon gern solche Sachen gemacht. Und schon geht er wieder, mit großen schweren Schritten. Es ist mir schleierhaft, wie so kräftige, raue Hände in der Lage sind, so zierliche, feine Figuren herzustellen, aber so ist es, und ich habe Tränen in den Augen.

Als wir den Pfad hochlaufen, kommt Dommos Mutter zusammen mit Ted aus dem Haus gerannt. Rot im Gesicht und etwas verlegen gibt sie uns eine Handvoll Kraniche. *Besser ging's nicht, es ist aber auch kompliziert, stimmt's, Ted?*

Wir gehen ins Haus und fangen an zu zählen. Wir brauchen lange, und Zofia bekommt zwischendurch Hunger, aber mit Oreos und O-Saft zur Stärkung halten wir bis zum Ende durch.
998.
Wir falten jeder noch einen letzten Kranich, Zofia und ich. Zusammen.

ZOFIA

Heute ist der Tag der großen Operation, er beginnt mit einem strahlenden, klaren, neuen Morgen.

Unsere ganze Klasse ist am Strand, sonst niemand. So wie es immer war. Pablo untersucht kleine Felsenteiche und ist glücklich über ein Büschel Seegras, das er ganz für sich alleine hat. Dommo umarmt mich so unerwartet heftig, dass ich fast hintenüberfalle, doch stattdessen halte ich mich mit aller Kraft an ihr fest und umarme sie ebenfalls.

Wir stehen am Rand des Wassers, Schachteln voller Papiervögel in den Händen, und lauschen den Wellen, riechen den salzigen Himmel, sehen, wie die Wolken sich kringeln. Tom nickt mir zu, ich nicke auch, und dann machen wir alle gleichzeitig einen Schritt nach vorn und setzen unsere Vögel aufs Wasser. Tausend Kraniche schwimmen und flattern und kreisen und treiben und sinken und erheben sich und fallen mit der Bewegung des Meeres. Sie breiten ihre Flügel weit über das sanfte Blau des Wassers, und das Wasser ist wie mit funkelnden Edelsteinen besetzt.

Wir schauen zu, wie sie immer weiter auf die Linie zutreiben, wo sich Himmel und Erde begegnen. Die Gezeiten bringen und nehmen, sie können uns etwas zuführen oder in weite Ferne entführen. Tom und ich machen einen Schritt zurück an den Strand, und unsere Klasse folgt. Ich strecke beide Hände aus, und wir alle bilden eine Kette. Wir schließen die Augen und wünschen uns etwas. Ein Wunsch von uns allen für eine von uns. Ein Wunsch, der meinen Wellenwunsch wegwaschen wird, damit etwas Neues, etwas Strahlendes beginnen kann.

Wir sagen stumm unseren Wunsch.

Alle zusammen.

TOM

Besonders gefreut habe ich mich nicht gerade auf diesen Tag. Es ist das letzte gemeinsame Wochenende unserer Klasse, bevor wir nach den großen Ferien auf die weiterführende Schule kommen und auf alle möglichen Klassen und Kurse verteilt werden. Doch an diesem Wochenende sollen wir noch Surfen, Bodyboarden, Duckdiven und Segeln lernen. Für Fischmenschen wie Zofia ist das natürlich super. Ich hingegen bin zu einhundert Prozent Mensch und deswegen nervös.

Mein Boot liegt am Strand, und ich setze mich hinein. Saul hat mir geholfen, Kanten und Ränder glatt zu schleifen, und hat einige tiefe Kratzer ausgebessert, die bei der Rettungsaktion von Felsen verursacht wurden. Er hat nicht gefragt, was passiert ist, und ich hab es ihm nicht gesagt, aber viel wichtiger war, dass er auf seine komisch brummige Art gemeint hat, ich hätte ein gutes Boot gebaut und ich könne jederzeit zur Werft kommen, dann würde er mir noch mehr beibringen.

Nach und nach trudelt die ganze Klasse ein. Leo rast an mir vorbei, stürzt sich in voller Montur ins Wasser, Dommo nennt ihn einen Volltrottel, und Cameron brüllt mir zu *Beim Burgenbauen will ich in deine Mannschaft.* So beginnt der Tag. Surfbretter und die Geräte fürs Windsurfen liegen am Strand bereit, und dann sind da noch die Eimer und Spaten für den Sandburgenwettbewerb. Darin könnte ich immerhin gut sein.

Zofia macht Dehnübungen am Ufer. Grinsend winkt sie mir zu, und ich winke zurück. Hinter mir höre ich ein lautes Geräusch, aber ich zucke nicht zusammen und fahre nicht aus der Haut. Meine neue Therapeutin hilft mir, mit solchen Situationen besser fertigzuwerden. Sie heißt Jenny und ist sehr nett. Sie hat mir geholfen, die schlimmen Dinge zu verstehen und auch zu begreifen, dass ich hier in Sicherheit bin. Inzwischen schlafe ich im Dunkeln, mal abgesehen von dem schwachen Lichtschein aus den Ritzen zwischen den Dielen. Inzwischen finde ich in allen Dingen Licht. Ich muss meine Gefühle nicht mehr tief in mir klein zusammenfalten, nur weil ich glaube, dass Mum dann glücklich ist. Ich kann jetzt darüber sprechen, genau wie Zofia. Wir alle sorgen füreinander, damit alle in Sicherheit sind.

Stöhnend lässt sich Marek in seinem Neoprenanzug neben mir in den Sand fallen. *Ich glaube, ich bin zu alt und zu müde für so etwas* sagt er mit einer Stimme wie Meeresrauschen, und ich antworte *Ja, sieht ganz so aus.* Einen Moment lang guckt er mich überrascht an, doch dann muss er lachen, und ich lache mit.

Jetzt komm endlich, du Schnarchnase, dalli, dalli ruft Zofia herüber, und Marek steht auf, stöhnt wieder und sagt *Zu Befehl* und *Wünsch mir Glück* und ich antworte *Das wirst du brauchen in deinem Alter* und er spannt einen unsichtbaren Bogen und zielt mit dem Pfeil auf meinen Kopf. Dann geht er zu Zofia und hakt sich auf dem Weg zum Wasser bei ihr unter. Und dann geht's los. Ich sehe Zofias orange Fahne, die sie an ihrem Neoprenanzug befestigt hat, und gleich darauf leuchtet auch Mareks blaue in der Sonne auf.

Tut mir leid, dass ich so spät bin sagt Mum. *Jemand musste unbedingt noch das hübsche Kleidchen vollspucken.* Sie setzt sich neben mich in den Sand, und ich strecke die Arme nach Ula aus. Ula Hope – ein winziger perfekter Name für meine winzige perfekte Schwester. Ula bedeutet wohl so viel wie *Juwel aus dem Meer* und war Zofias Idee. Genau der passende Name. Hope war meine Idee, und auch das passt genau.

Ulas Haare sind immer noch dunkel wie die Nacht und ihre Augen dunkel wie Stürme über dem Meer, aber inzwischen ist sie größer und lauter, und ich liebe sie so sehr. Sie ist ein Teil von mir und ein Teil von Mum und ein Teil von Zofia und ein Teil von Marek, vor allem aber ist sie ganz und gar sie selbst. Sie liebt das Meer, und sie liebt die Sterne an ihrer Zimmerdecke. Eine dünne, silbrig rote Narbe zieht sich wie ein Faden über ihren Bauch, eine Naht aus winzig kleinen Stichen, die letzte Erinnerung daran, dass wir Ula um ein Haar verloren hätten und wie sehr sie darum gekämpft hat, jetzt hier bei uns sein zu können. Zofia nennt die Narbe *Ulas Haifischbiss* und erzählt jedem, sie habe ihre Schwester vor zuschnappenden Wellen gerettet. Aber so war es nicht. Mich hat sie gerettet.

Ich werde Ula beibringen, immer vorsichtig und rücksichtsvoll und mutig zu sein, denn all das bin ich selbst, auch wenn ich es früher nicht so gesehen habe. Von Zofia wird Ula lernen, wild und flink und noch mutiger zu sein, denn das alles und noch viel mehr ist Zofia. Ich weiß jetzt nämlich, dass man beides sein kann: laut und ruppig und wie ein Sturmbrausen und zugleich einer der freundlichsten Menschen auf der ganzen Welt.

Ich nehme Ula auf meinen Schoß, und nun sitzen wir zusammen im Boot am Strand. Ich küsse sie oben auf den Kopf. Sie hat die kleine gelbe Strickmütze auf und riecht nach Zucker und Salz. Ich zeige aufs Meer hinaus, auf den Himmel und zum Fidschi und auf Zofia und Marek, die schnell darauf zuschwimmen, um ihre Flaggen dort aufzurichten. *Da ist unsere Schwester* flüstere ich in Ulas Muschelöhrchen, und sie nimmt meinen Finger und hält ihn ganz fest.

ZOFIA

Dad und ich stehen mit beiden Beinen auf dem Fidschi, unsere Fahnen wehen im Wind und markieren den Raum, der uns gehört. Die Wellen waren stark, aber ich war stärker. Dad legt einen Arm um mich, ich lehne mich an ihn und fühle, wie ruhig mein Herz schlägt. Ich bin in einem Unwetter zur Welt gekommen, und ich kann mich immer noch in einen Tornado verwandeln, aber ich lerne zu reden und zuzuhören, anstatt immer gleich den Donner hervorzuholen.

Ich schaue zurück über das glitzernde Meer, dahin, wo meine Familie am Ufer sitzt. Ein Junge und ein Baby in einem Boot und ein Hund und eine Frau im Sand.

Ich stehe auf dem zerklüfteten Felsen, den wir Fidschi nennen, und winke.

Wir haben es geschafft. Zusammen.

Für alle, die selbst Kraniche falten wollen,
gibt es auf den folgenden Seiten eine Anleitung.

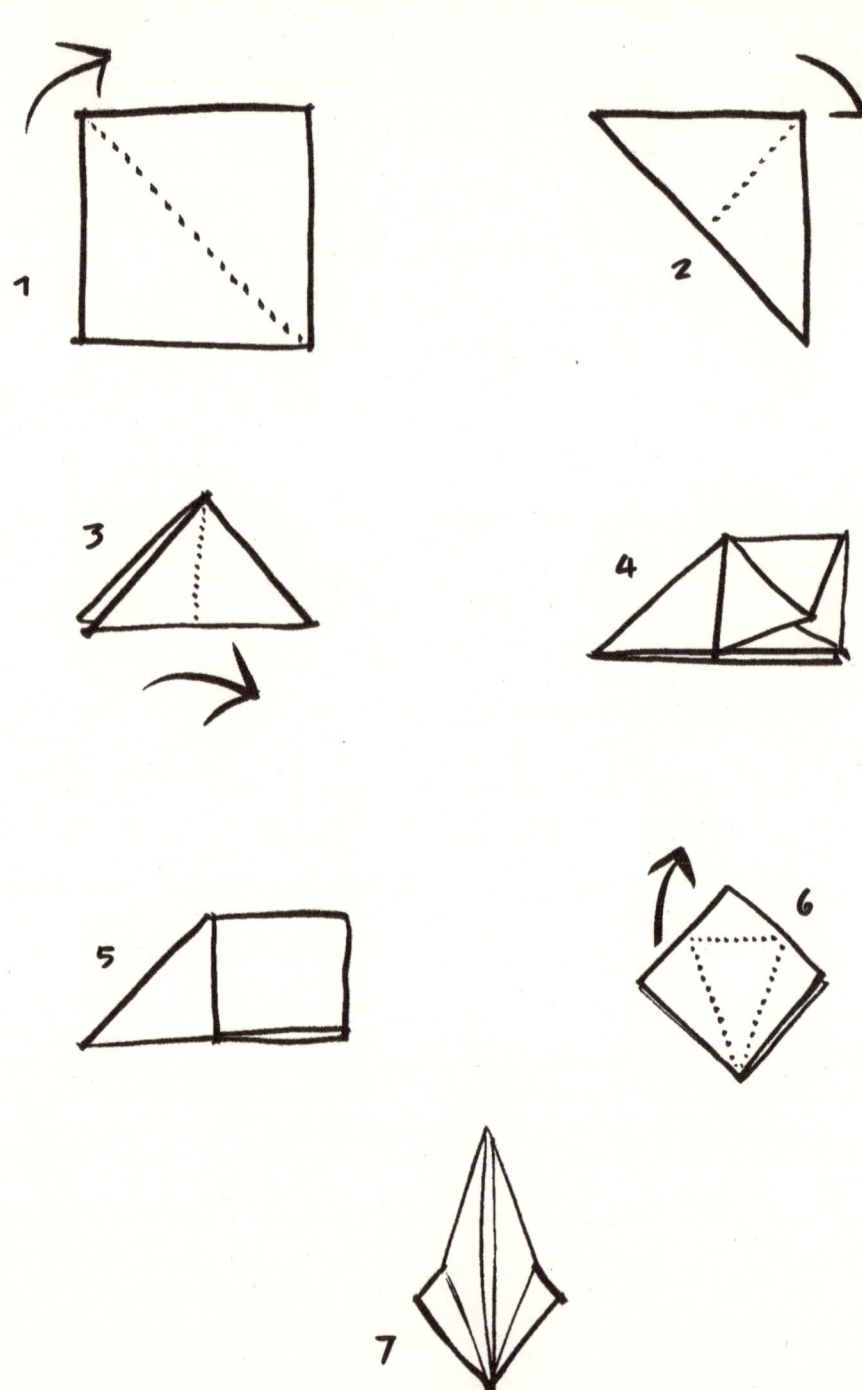

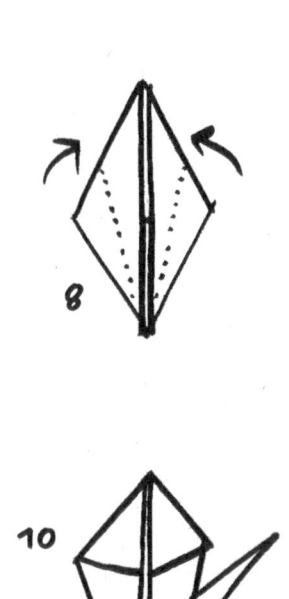
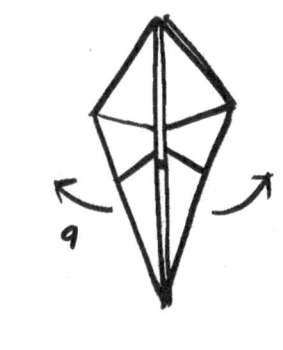
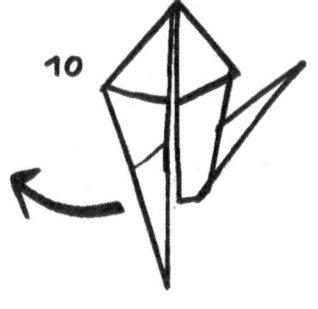
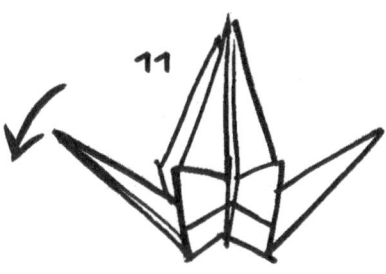
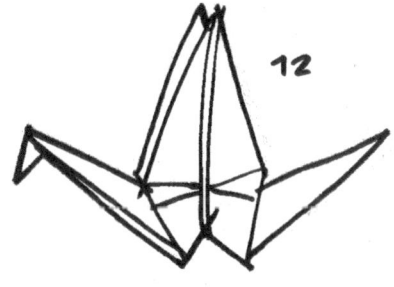
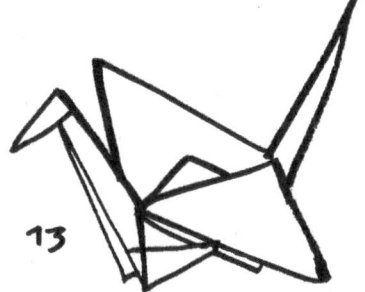

Organisationen, die dir helfen können

TelefonSeelsorge und
Nummer gegen Kummer

Diese Angebote sind kostenfrei und bieten anonyme Beratung in sämtlichen Lebenslagen. Telefonnummern sowie Mail- und Chatkontakte unter:
telefonseelsorge.de
nummergegenkummer.de

In Österreich:
telefonseelsorge.at | rataufdraht.at

In der Schweiz:
147.ch

DANK

Wie immer gilt mein Dank zunächst meinem fabelhaften Team bei Bloomsbury Children's – Beatrice, Jade, Fliss, Stephanie, Anna, Sarah, Michael –, das sich jedem meiner Bücher mit so viel Freundlichkeit, Geduld und Begeisterung gewidmet hat. Ein großes Dankeschön auch an Sydney Smith, dessen einzigartiges Talent so groß ist, dass ich nicht im Traum daran gedacht hätte, er würde je den Umschlag eines meiner Bücher gestalten. Ebenso danke ich allen bei Felicity Bryan Associates, insbesondere meiner wunderbaren Agentin Catherine Clarke und der unermüdlichen Michele Topham.

Leah Carden danke ich für die vielen Gespräche über den Plot und sehr kluge Vorschläge zum Titel. Ross Montgomery, du warst nicht nur einer meiner ersten Leser, sondern auch mein hochgeschätzter Begleiter auf vielen Spaziergängen während des Lockdowns. Der liebenswürdigen Taz Subramanian danke ich für ihre Geduld beim Beantworten meiner vielen sehr allgemeinen und laienhaften Fragen zum Thema Kinderchirurgie.

Auch wenn ich es meinen Eltern nicht zum ersten Mal sage: Ich verdanke euch alles.

Gedankt sei auch allen meinen schreibenden Freunden und Freundinnen (vor allem Yasmin Rahman, die das Manuskript gelesen hat und mir eine große Hilfe war, als ich einen Durchhänger hatte) sowie all den Lehrerinnen, Rezensenten, Bloggerinnen, Bibliothekarinnen und Bibliothekaren, Lesern und Leserinnen, die mich großzügig unterstützt haben.

Wie immer danke ich Patrick Simpson, dem freundlichsten und tolerantesten Menschen auf dieser Erde, nicht zuletzt dafür, dass er nicht versucht hat, es mir auszureden, als ich sagte, sobald ich dieses Buch beendet hätte, würde ich mir einen jungen Hund zulegen. Auch wenn unsere Möbel inzwischen deutliche Nagespuren haben, musst du doch zugeben, dass es eine gute Entscheidung war.

Zu guter Letzt danke ich Lucy Mackay-Sim: Du warst eine traumhaft gute Lektorin, von jenem ersten Treffen bis zu diesem jüngsten gemeinsamen Werk, und auch wenn du in Zukunft nicht mehr meine Lektorin sein wirst, so habe ich doch das Glück, dich meine Freundin nennen zu dürfen.

KATYA BALEN studierte Englisch und ist Mitbegründerin von *Mainspring Arts*, einer gemeinnützigen Organisation, die es neurodiversen Menschen ermöglicht, sich kreativ auszuleben. Wenn sie nicht gerade Bücher schreibt oder Projekte plant, scrollt sie gerne durch Tierschutz-Websites, backt und versucht, all ihre Zimmerpflanzen am Leben zu erhalten. Sie lebt in London, zusammen mit ihrem Partner und zwei Hunden. Mit *October, October* erschien 2023 ihr erster Roman bei Hanser.

BIRGITT KOLLMANN studierte Englisch, Spanisch und Schwedisch in Heidelberg. Sie arbeitet als freie Übersetzerin aus dem Englischen und Spanischen und lebt an der hessischen Bergstraße. Für Hanser hat sie u. a. schon Michael Gerard Bauer, Clay Carmichael, Jenny Han, Alison McGhee, Jacqueline Kelly, Sally Nicholls, Joyce Carol Oates, Juan Villoro, Sarah Weeks und Lauren Wolk übersetzt. Sie wurde zweimal mit dem Katholischen Kinderbuchpreis und 2019 mit dem Deutschen Jugendliteraturpreis ausgezeichnet.